Découvrez l'histoire par les archives de presse

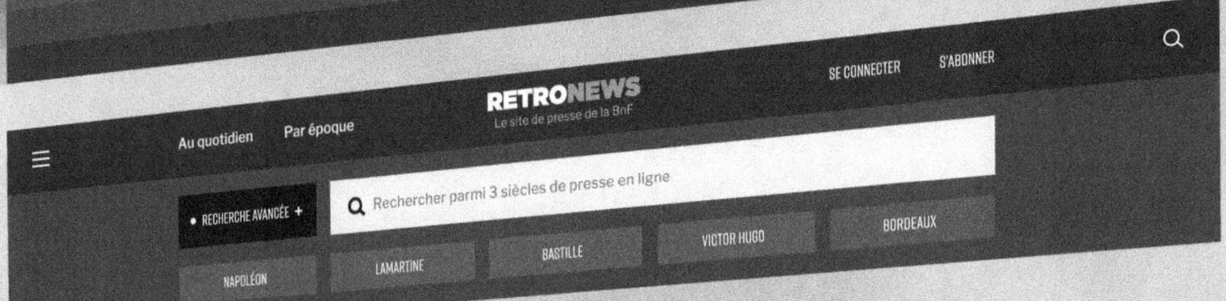

RETRONEWS

Le site de presse de la BnF

www.retronews.fr

ANNUAIRE

DES VALEURS ADMISES A LA COTE OFFICIELLE

Donnant les renseignements complets
sur chaque valeur

D'APRÈS

LES DOCUMENTS OFFICIELS

Publié par la Compagnie des Agents de change

ANNÉE 1892.

LILLE

IMPRIMERIE L. DANEL.

1892.

1892

AGENTS DE CHANGE

Banque, Finance, Commerce

PRÈS LA BOURSE DE LILLE

MM. Félix PAJOT, rue Jacquemars-Giélée, 49.
PAQUIN, ✿, rue de la Barre, 20, Syndic.
FEVEZ, rue de l'Hôpital-Militaire, 40, Adjoint au syndic
CROUAN, rue d'Angleterre, 56, Adjoint au syndic.
Paul LIAGRE, rue du Palais, 11.
D'HALLUIN-VERBIEST, rue du Palais, 7.

CHAMBRE SYNDICALE

Syndic :   M. PAQUIN. ✿
Adjoints au syndic : MM. FEVEZ.
CROUAN.

ART. 76 DU CODE DE COMMERCE.

Les agents de change, constitués de la manière prescrite par la loi
ont seuls le droit de faire les négociations des effets publics et autres,
susceptibles d'être cotés, de faire pour le compte d'autrui, les négociations des lettres de change ou billets, et de tous papiers commerçables
et d'en constater le cours.

TABLE DES MATIÈRES

CHAPITRE III.

Eaux. — Gaz. — Transports. — Divers.

CHAPITRE IV.

Ciments. — Usines diverses.

CHAPITRE V.

Forges et Hauts-Fournaux.

CHAPITRE VI.

Mines de houille.

CHAPITRE I

EMPRUNTS

DE DÉPARTEMENTS ET DE VILLES

DÉPARTEMENT DU NORD

EMPRUNT 1870 3 %

Emprunt de 22.500.000 fr., en 225.000 obligations de 100 francs, émises à 80 fr., en novembre et décembre 1870.

Remboursables au pair et avec primes en 35 ans, de janvier 1871 au 1er octobre 1905.

Tirages semestriels les 1er avril et 1er octobre jusqu'au 1er octobre 1905.

Remboursement des titres sortis les 1er mai et 1er novembre.

Intérêts de 3 francs, net d'impôt, le 2 novembre.

Titres. — Vert d'eau, vignette chamois. Coupons payables à Lille, au Crédit du Nord ; à Bruxelles ; à Paris, chez M. P. M. Oppenheim, 11, rue Taitbout. Au verso, le tableau d'amortissement.

Le 2 janvier 1892, 100.643 de ces titres étaient amortis.

Admission à la cote le 26 novembre 1870.

Tableau des tirages ·

Tirage du 1er avril.				Tirage du 1er octobre.				Tirage du 1er oct. 1905.			
1	obl. r.	à	25000	1	obl. r.	à	20000	1	obl. r.	à	50000
1	—	à	1000	1	—	à	1000	1	—	à	5000
								1	—	à	1000
4	—	à 500	2000	4	—	à 500	2000	4	—	à 500	2000
60	—	à 200	12000	60	—	à 200	12000	48	—	à 200	9600
66			40000	66			35000	55			67600

COURS MOYENS.

1882......	101,13		1887	104,92
1883......	102,074		1888......	105,21
1884......	102,925		1889......	104,83
1885......	103,359		1890......	105,85
1886......	104,883		1891......	106,3475

VILLE D'AMIENS 4 % 1871

Emprunt de 7.250.000 fr., en 72.500 obligations de 100 francs au porteur, émises à 80 francs, en mai 1871.

Remboursables au pair et avec primes, de 1871 à 1921.

Tirages semestriels les 2 janvier et 1er juillet jusqu'au 2 janvier 1921.

Remboursement des titres sortis les 1er mai et 1er novembre suivants.

Intérêts de 4 francs, avec impôt, le 1er mai.

Titres. — Vert d'eau, vignettes marron. Coupons payables en or et en argent, à Amiens, Lille, Bruxelles, Anvers, à Paris, chez MM. Goudchaux, 102, rue de Richelieu. Au verso des titres, le tableau d'amortissement.

Le 2 janvier 1892, 15.206 de ces titres étaient amortis.

Admission à la cote, le 10 juin 1871.

Tableau des tirages :

Tirage du 2 janvier 1877 au 1er juillet 1920				Dernier tirage du 2 janvier 1921 remboursable le 1er avril 1921		
1 obl. remb. à		10000		1 obl. remb. à		50000
2	— à 500	1000		1	— à	1000
30	— à 200	6000		8	— à 500	4000
				40	— à 200	8000
33		17000		1237	— à 100	123700
				1287		186700

COURS MOYENS.

1882......	105,50		1887......	Pas coté.
1883......	108,625		1888......	106,375
1884......	109		1889......	108,125
1885......	109,50		1890......	114,75
1886......	110,375		1891......	115,50

VILLE D'ARMENTIÈRES 1886 3 $\frac{1}{2}$ %

Emprunt de 2.800.000 francs, en 6.089 obligations de 500 fr. au porteur, émises à 480 francs.

Remboursables à 500 francs, en 40 ans, du 1er avril 1887 au 1er octobre 1926.

Tirages semestriels les 1er mars et 1er septembre.

Remboursement des titres sortis les 1er avril et 1er octobre.

Intérêts semestriels de 8 fr. 75, net d'impôt les 1er avril et 1er octobre.

Titres. — Vert clair, sur fond blanc. Coupons payables à Armentières et à Lille au Crédit du Nord, à Bruxelles, à Paris, chez M. P. M. Oppenheim, 11, rue Taitbout et au Crédit du Nord 45, rue Étienne Marcel Au verso des titres le tableau d'amortissement.

Le 2 février 1892, 384 de ces titres étaient amortis.

Admission à la cote le 8 novembre 1886.

COURS MOYENS.

1886	486,50	1889	476,75
1887	480,06	1890	487,21
1888	479,31	1891	493,50

VILLE DE DOUAI 1891 3$^{\text{FR.}}$80 %

Emprunt de 1.500.000 francs, en 3.000 obligations de 500 francs, au porteur, émises à 500 francs, remboursables en 38 ans, du 10 avril 1893, au 10 mars 1930.

Tirage annuel le 15 mars.

Remboursement des titres sortis le 10 avril suivant.

Intérêt annuel : le 10 avril.

Titres. — Chamois très clair, vignettes chamois plus foncé. Coupons payables à la recette municipale de Douai. Au verso des titres, le tableau d'amortissement.

Le 2 janvier 1892, il restait encore à effectuer sur les obligations non libérées, deux versements de cent francs chacun : les 20 février 1892 et 20 août 1892.

Admission à la cote le 24 avril 1891.

COURS MOYENS.

1891	libérées....................	501
	non libérées	502,583

VILLE DE LILLE

EMPRUNT 1860 3 %

Emprunt de 15.000.000 de francs, en 175.000 obligations de 100 francs au porteur, émises à 91 francs, en mars 1860.

Remboursables au pair et avec primes en 42 ans, de 1860 à 1902.

Tirages semestriels les 1er mars et 1er septembre, le dernier, le 1er mars 1902.

Remboursement des titres sortis les 1er octobre et 1er avril. Bonification de 1 fr. 50, intérêt semestriel pour les obligations sorties en septembre.

Intérêt annuel de 3 francs le 1er avril.

Titres. — Jaunes, vignettes vertes, coupons payables à Lille et à Paris, chez MM. Berly et Cie, 47, rue de la Chaussée-d'Antin. Au verso, le tableau d'amortissement.

Le 2 janvier 1892, 104.151 de ces titres étaient amortis.

Admission à la cote le 1er juillet 1861.

Tableau des tirages :

Tirage jusqu'au 1er sept. 1901.				Dernier tirage 1er mars 1902.			
1 obl. remb.	à		25000	1 obl. remb.	à		50000
1	—	à	10000	1	—	à	25000
7	—	à 1000	7000	1	—	à	10000
10	—	à 500	5000	10	—	à 1000	10000
15	—	à 400	6000	20	—	à 500	10000
20	—	à 200	4000	20	—	à 400	8000
				74	—	à 200	14800
54			57000	127			127800

COURS MOYENS.

1882.........	103,50		1887	106,75
1883.........	104,50		1888	108,375
1884.........	106,25		1889	108,125
1885.........	107 »		1890	107,75
1886.........	107,25		1891	111,75

EMPRUNT 1863 3 %

Cet emprunt va être totalement amorti le 1er avril 1892 ; après le tirage des obligations amorties le 1er février 1892, il ne reste plus en circulation que 1.670 titres.

Admission à la cote le 25 octobre 1863.

Tableau du tirage :

1er août 1892.

1 obligation remboursable	à		50000	francs,
3 —	—	à	1000	»
6 —	—	à	500	»
21 —	—	à 200	4200	»
31			55700	»

Le reste, au pair.

COURS MOYENS.

1882	99,125	1887	108,25
1883	102,875	1888	112,125
1884	104,375	1889	118 »
1885	104,125	1890	121,75
1886	110,50	1891	151,875

EMPRUNT 1868 4 $\frac{1}{2}$ %

Emprunt de 8.000.000 de francs, en 16.953 obligations de 500 francs, au porteur, émises à 487 fr. 50 en novembre 1868.

Remboursables à 500 francs, en 30 ans, de 1868 à 1898.

Tirages semestriels les 1er juin et 1er décembre, du 1er juin 1869 au 1er décembre 1898.

Remboursement des titres sortis les 1er juillet et 2 janvier de chaque année.

Intérêts semestriels de 11,25 les 1er juillet et 2 janvier.

Titres. — Chamois brique sur fond blanc. Coupons payables à Lille, Bruxelles, Francfort et à Paris, chez M. Erlanger, rue Taitbout, 20. Au verso, le tableau d'amortissement.

Le 2 janvier 1892, 10.796 de ces titres étaient amortis.

Admission à la côte le 12 décembre 1868.

COURS MOYENS.

1882	503,50	1887	506 »
1883	507,75	1888	510,125
1884	503,625	1889	510,75
1885	506 »	1890	519,50
1886	510 »	1891	511,25

EMPRUNT 1877 4 1/2 %

Emprunt de 8.000.000 de francs, en 16.761 obligations au porteur, émises à 487 fr. 50 en décembre 1877.

Remboursables à 500 francs en 42 ans, de 1878 à 1920.

Tirages semestriels les 15 mars et 15 septembre. Le dernier, le 15 mars 1920.

Remboursement des titres sortis les 15 avril et 15 octobre de chaque année.

Intérêts semestriels de 11,25 les 15 avril et 15 octobre.

Titres. — Bleu verdâtre sur fond blanc, vignette marron. Coupons payables à Lille, et à Paris, à la Société générale, 54, rue de Provence. Au verso, le tableau d'amortissement.

Le 2 janvier 1892, 2.517 de ces titres étaient amortis.

Admission à la cote, le 13 décembre 1877.

COURS MOYENS.

1882........	505,75	1887	510,125
1883........	507,25	1888	515 »
1884........	503,75	1889	513 »
1885........	508 »	1890	514 »
1886........	509,25	1891	511,875

EMPRUNT 1884 4,25 %

Émission de 7.221.200 francs, en 17.661 obligations entières de 400 francs au porteur, et 1.568 quarts d'obligations de cent francs au porteur faisant partie de la première série d'un emprunt de 24.000.000 de francs, autorisé par la loi du 12 septembre 1883, émises en 1884 à 390 francs.

Remboursables à 400 francs en 40 ans, a partir de 1891.

Tirage annuel le 15 février ; le premier tirage le 15 février 1892, le dernier en 1931.

Remboursement des titres sortis, le 5 mars qui suit le tirage.

Intérêt annuel de 17 francs, le 5 mars.

Titres. — Bleu clair, vignette noire. Coupons numérotés de 1 à 47 ; titres numérotés de 1 à 17.661 unités, de 17.662 à 18.053 quarts. Coupons et remboursements à la caisse municipale à Lille. Au verso, le tableau d'amortissement.

Le 16 février 1892, 179 de ces titres étaient amortis.

Admission à la cote le 21 avril 1884.

COURS MOYENS.

1884	entières 388,41		1888	entières 405,805
	quarts. 93.833			quarts. 99,40
1885	entières 396,419		1889	entières 380,48
	quarts. 97,454			quarts. 101,045
1886	entières 404.108		1890	entières 410,868
	quarts. 99,125			quarts. 101,636
1887	entières 402,85		1891	entières 412,2589
	quarts. 96,30			quarts. 101,3125

EMPRUNT 1887 3,75 %

Émission de 3.304.000 francs, en 8.260 obligations de 400 francs au porteur, faisant partie de la deuxième série d'un emprunt de 24.000.000 de francs, autorisé par la loi du 12 septembre 1883, émises les 3 et 4 novembre 1887 à 375 francs.

Remboursables à 400 francs en 40 ans, à partir du 16 août 1892.

Tirage annuel le 5 juillet; le premier tirage le 5 juillet 1892, le dernier le 5 juillet 1931.

Remboursement des titres sortis le 16 août qui suit le tirage.

Intérêts semestriels de 7 fr.,50, les 16 février et 16 août.

Titres. — Vert d'eau, vignette marron clair. Coupons et remboursement à la Recette municipale à Lille. Au verso, le tableau d'amortissement.

Les titres sont numérotés de 18.054 à 26.313, suite de la série de l'emprunt 1884.

Admission à la cote le 6 mars 1888.

COURS MOYENS.

1888	377,701	1890	390,977
1889	371,625	1891	394,835

EMPRUNT DE 1890 3 ½ %

Emprunt de 6.000.000 de francs, en 12.923 obligations de 500 francs, au porteur, émises à 480 francs, le 20 novembre 1890.

Remboursables à 500 francs, en 40 ans, du 1er juin 1893, au 1er juin 1932.

Tirages semestriels : les 5 mai et 5 novembre.

Remboursement des titres sortis les 1er juin et 1er décembre suivants.

Intérêts semestriels : 8 fr. 75, les 1er juin et 1er décembre.

Titres. — Bleu clair, vignettes bleu plus foncé, coupons payables à Lille, au Crédit du Nord et dans ses succursales, à Bruxelles et à Paris, chez M. P. M. Oppenheim, 11, rue Taitbout et au Crédit du Nord, 45, rue Étienne-Marcel. Au verso, le tableau d'amortissement.

Le 2 janvier 1892, aucun de ces titres n'était amorti.

Admission à la cote le 25 novembre 1890.

COURS MOYENS.

1890 .... 481,798 | 1891 480,375

VILLE DE ROUBAIX ET TOURCOING

EMPRUNT 1860

Emprunt de 3.000.000 de francs, en 60.000 obligations de 50 francs, émises à 45 francs en octobre 1860.

Remboursables à 50 francs et avec primes, en 55 ans, de 1861 à 1915.

Tirages semestriels : un à Roubaix, le 1er février, l'autre à Tourcoing, le 1er août.

Remboursement des titres sortis le 1er mai et le 1er novembre suivants.

Aucun intérêt.

Titres. — Chamois. Les titres sortis sont remboursables à Roubaix et Tourcoing, à Paris chez MM. S. Propper et Cie, 4, rue de la Bourse.

Le 2 février 1892, 22.285 de ces titres étaient amortis.

Admission à la côte le 1er juillet 1861.

Tableau des tirages :

1892.				1893 au 1er février 1915.				1er février 1915.			
1 obl. r. à			10000	1 obl r. à			5000	1 obl. r. à			5000
2	—	à 1000	2000	2	—	à 1000	2000	2	—	à 1000	2000
10	—	à 500	5000	50	—	à 100	5000	10	—	à 500	5000
10	—	à 200	2000	760	—	à 50	38000	30	—	à 200	6000
100	—	à 100	10000	813			50000	96	—	à 100	9600
420	—	à 50	21000					448	—	à 50	22400
543			50000					588			50000

COURS MOYENS.

1882	47,75		1887	48	»
1883	46	»	1888	47,375	
1884	46	»	1889	46	»
1885	46,875		1890	45, 50	
1886	47,875		1891	47,625	

VILLE DE TOURCOING 1878 4 %

Emprunt de 2.250.000 francs, en 4.854 obligations de 500 francs au porteur, émises à 473 fr. 50 les 15 et 16 avril 1878.

Remboursables à 500 francs en 25 ans, de 1885 à 1909. Dernier tirage le 15 juin 1909.

Tirages semestriels les 15 juin et 15 décembre.

Remboursement des titres sortis les 15 juillet et 15 janvier suivants.

Intérêts semestriels de 10 fr. le 15 janvier et le 15 juillet.

Titres. — Chamois clair, numérotés de 1 à 4.854. Coupons payables à Tourcoing, et à Paris à la Société générale, 54, rue de Provence. Au verso, le tableau d'amortissement.

Le 2 janvier 1892, 992 de ces titres étaient amortis.

Admission à la cote le 17 décembre 1878.

COURS MOYENS.

1882	469,375		1887	492,375
1883	461,25		1888	489,625
1884	466,625		1889	492,50
1885	476,25		1890	490 »
1886	488,75		1891	493,50

CHAPITRE II.

ASSURANCES — BANQUES — CAISSES

LE NORD

COMPAGNIE D'ASSURANCES CONTRE L'INCENDIE.

Société anonyme, constituée par acte passé devant M° Hebert Desroquettes, notaire à Charenton-le-Pont, le 7 février 1840, autorisée le 24 février 1840. Transformée en Société anonyme libre suivant la loi du 24 juillet 1867, par délibération de l'Assemblée générale extraordinaire du 30 avril 1888. Statuts modifiés déposés chez M° Portefin, notaire à Paris.

Objet : Assurances contre l'incendie et la réassurance des mêmes risques par voie de cession ou d'acceptation.

La Compagnie ne répond pas des dommages de guerre, invasions, émeutes ou tremblements de terre.

Le maximum des assurances à conserver sur un seul risque industriel est de 300.000 fr., sur un risque simple il est de 600.000 fr.

La Compagnie peut assurer en France, aux Colonies et à l'Étranger.

Dénomination : Le Nord, Compagnie d'assurances contre l'incendie.

Durée : D'abord de 50 ans du 24 février 1840 au 24 février 1890, elle a été prorogée le 30 avril 1888 au 24 février 1980.

Siège social : Paris, 4, rue Le Peletier.

Capital : D'abord de 500.000 francs en 500 actions de 1.000 fr., il a été porté en 1842 à 1.000.000 par la création de 500 actions nouvelles de 1.000 fr., en 1847 à 2.000.000 par la création de mille actions nouvelles de 1.000 fr.

Titres : Ils sont nominatifs et libérés de 250 francs. Le transfert est inscrit sur les registres de la Société au moyen de feuilles de transfert spéciales.

Le cessionnaire doit être agréé par le Conseil, sauf le cas où il verserait le montant du capital non appelé sur les actions. Aucun actionnaire ne peut avoir plus de 50 actions.

Conseil d'administration : Neuf membres nommés pour trois ans, renouvelables par tiers chaque année.

Titres déposés par les membres du Conseil : cinq inaliénables.

Le directeur, le directeur-adjoint ou sous-directeur nommés par le Conseil, déposent chacun 25 actions inaliénables.

Assemblée générale : dans les cinq premiers mois de l'année, composée de tous les actionnaires propriétaires de cinq actions depuis au moins six mois.

Année sociale : 1er janvier au 31 décembre.

Répartition des bénéfices nets : 20 % obligatoires au minimum pour la réserve ; le prélèvement est facultatif lorsque la réserve est au cinquième du capital social. L'Assemblée générale peut en outre former des réserves spéciales et statuer sur l'emploi du solde.

Dividendes : Payables, 4, rue Le Peletier.

Admission à la cote le 1er juillet 1861.

ADMINISTRATEURS :

Crespel-Tilloy, président ; Labiche, Scrive-Wallaert, Poupinel, Saleta, Tilloy-Delaune, H. Masnou, An. Descamps, Levert.

Directeur : Maurice Masnou.

COURS MOYENS.

1882......	1.926,25	1887......	1.810 »
1883......	1.850 »	1888......	1.850 »
1884.....	1.877,50	1889......	1.930 »
1885......	1.880 »	1890......	2.300 »
1886......	1.812,50	1891..... .	Pas coté.

RÉPARTITIONS.

1882......	50 »	1886......	50 »
1883......	50 »	1887.. ...	50 »
1884......	50 »	1888......	55 »
1885.....	50 »	1889......	60 »
		1890......	70 »

Réserve statutaire : 400.000

Réserve de prévoyance : 688.870,82

UNION GÉNÉRALE DU NORD
(INCENDIE)

Société anonyme constituée par acte passé devant
Me Deledicque, notaire à Lille, le huit février 1867, pour quarante
années. Prorogée pour trente-deux ans et modifiée par délibération
de l'Assemblée générale extraordinaire du 17 novembre 1879.

Statuts déposés chez Me Deledicque.

Objet : Assurance contre l'incendie et la réassurance des
mêmes risques par voie de cession ou d'acceptation.

La Compagnie ne répond pas des dommages de guerre, invasions, émeutes ou tremblements de terre.

Le maximum des assurances à conserver sur un seul risque
industriel est de 150.000 fr. il est de 200.000 fr. pour un risque
simple.

Dénomination : Union Générale du Nord.

Durée de la Société : Soixante-douze ans jusqu'au
31 mai 1939.

Siège social à Lille, boulevard de la Liberté, 37.

Capital : D'abord de 2.000.000 en 1.000 actions de 2.000 fr.
libérées de 500 fr., il est ensuite divisé en 4.000 actions de
500 fr. libérées de 125 fr.

Titres : Nominatifs. Transfert au moyen de feuilles spéciales.
Le cessionnaire doit être agréé par le Conseil au scrutin secret ; il
peut être obligé de déposer dans la caisse sociale, une garantie pour
les fonds restant à appeler.

Conseil d'administration de sept membres nommés
pour cinq ans, renouvelables par cinquième chaque année, devant
être propriétaires chacun de dix actions inaliénables.

Le directeur, nommé par l'Assemblée générale des actionnaires
dépose vingt-cinq actions.

Assemblée générale dans les six premiers mois de l'année elle comprend les actionnaires propriétaires depuis un mois, d'au moins cinq actions donnant droit à une voix. Maximum des voix : dix.

Année sociale : 1er janvier au 31 décembre.

Répartition des bénéfices : Après le prélèvement de l'intérêt à 4 % aux actions, l'excédant forme le bénéfice net, dont 20 % au minimum sont affectés à la réserve avec prélèvement facultatif quand la réserve égale le 1/10 du capital social. Le solde est réparti aux actionnaires.

Dividendes payables au siège social.

Admission à la cote le 13 mai 1876.

ADMINISTRATEURS :

Ach. Wibaux, président; J. Lefebvre, V. Lorent, Scalabre-Delecourt, Henri Boutry, P. Dubrulle.

Directeur : Meunier.

COURS MOYENS.

1882	Pas coté.		1887	425 »
1883	415 »		1888	Pas coté.
1884	420 »		1889	435 »
1885	425 »		1890	Pas coté.
1886	Pas coté.		1891	Pas coté.

RÉPARTITIONS.

1882	3 »		1887	3 »
1883	3 »		1888	3 »
1884	3 »		1889	3 »
1885	3 »		1890	3,50
1886	3 »		1891	» »

Réserve : 110.000

BANQUE DU NORD ET DU PAS-DE-CALAIS

Société en nom collectif et **en commandite** par actions, fondée en 1858 sous le nom de Caisse Commerciale de Lille, au capital de trois millions ; portée au capital de 5.000.000 en 1865, puis au capital de 10.000.000 en 1878. Transformée et constituée le 13 avril 1888, sous le nom de Banque du Nord et du Pas-de-Calais, actuellement régie par les statuts approuvés par l'Assemblée générale extraordinaire du 6 avril 1888 et déposés à Me Perrault, notaire à Lille.

Objet : Toutes opérations de Banque, de Finances et de Bourse pour compte de tiers, à l'exclusion d'émission d'Emprunts étrangers.

Dénomination : Banque du Nord et du Pas-de-Calais.

Raison sociale : Verley, Decroix et Cie.

Siège social à Lille, rue Royale, 42, (bureau auxiliaire, Grand'Place, 11) avec succursales à Armentières, Cambrai, (bureau auxiliaire à Caudry), Roubaix, Tourcoing, Arras, Béthune, Calais, Carvin (bureau auxiliaire à Lens).

Durée : 25 ans.

Capital social : 20.000.000 en 20.000 actions nominatives de 1.000 fr. libérées de 500 fr.

Intérêts et dividendes : 1er janvier — 1er juillet.

Gérance : Ch. Verley, Henri Decroix, Pierre Decroix, Verley-Bollaert, Verley-Bigo. Chacun des gérants doit toujours être propriétaire de cent actions inaliénables.

Conseil de surveillance de cinq membres.

Assemblée générale ordinaire, le deuxième jeudi d'octobre, composée de tous les actionnaires propriétaires d'au moins cinq actions donnant droit à une voix. Maximum des voix : dix tant comme propriétaire que comme mandataire.

Année sociale du 1er juillet au 30 juin suivant.

Répartition des bénéfices : Le bénéfice net établi après le prélèvement des intérêts à 4 % du capital social et de toutes les charges passives, est réparti comme suit après un nouveau prélèvement de 10 % en faveur de la réserve ;

60 % dividende aux actionnaires ;

40 % à la gérance.

Lorsque le revenu des actions, intérêt et dividende, dépasse 7 % du capital versé, le surplus au delà de 7 % est attribué au compte réserve des actionnaires.

Titres : Les titres sont nominatifs.

Admission à la cote le 1ᵉʳ juillet 1861.

COURS MOYENS.

1882......	730 »		1887......	636,875
1883......	720 »		1888 { 610	
1884......	710 »		{ nouvelle société . 1.050	
1885......	695 »		1889...... 1.087,50	
1886......	645 »		1890...... 1.073,75	
			1891 ..... 1.202,50	

Réserve : 171.263,53

Réserve des actions : 100.090,08

RÉPARTITIONS.

1881-82	42,08	1886-87	39,52
1882-83	38 »	1887-88	31,50
1883-84	42,31	1888-89	28,70
1884 85	34,55	1889-90	35 »
1885-86	42,44	1890-91	35 »

BANQUE RÉGIONALE DU NORD

Société anonyme formée par acte du 26 octobre 1875, passé par devant M⁰ Duthoit, notaire à Roubaix. Définitivement constituée le 12 février 1876, au capital de 4.000.000, divisé en 8.000 actions de 500 fr. Portée par décision de l'Assemblée générale extraordinaire du 16 avril 1878, au capital de 8 millions par l'émission de 8.000 actions nouvelles de 500 fr.

Statuts déposés chez M⁰ Duthoit, notaire à Roubaix.

Objet : Toutes opérations de banque et d'escompte.

Dénomination : Banque régionale du Nord.

Siège social, à Roubaix.

Durée : trente ans.

Capital social : 8.000.000 divisés en 16.000 actions nominatives de 500 fr., libérées de 125 fr.

Intérêts payables en janvier. **Dividendes** en juillet.

Conseil d'administration de cinq membres au moins, dix au plus, dont deux délégués pour la direction des affaires courantes, nommés pour six ans, renouvelable par cinquième et devant être chacun propriétaire de deux cents actions inaliénables.

Assemblée générale en avril, composée des propriétaires de 20 actions, donnant droit à une voix. Maximum des voix, dix comme propriétaire et vingt comme propriétaire et mandataire.

Année sociale du 1ᵉʳ janvier au 31 décembre.

Répartition des bénéfices nets de toutes charges :

1° 10 % au fonds de réserve ;

2° Sommes nécessaires pour payer 4 % aux actions comme intérêt.

Le solde se répartit comme suit :

    25 % aux administrateurs.

    75 % dividende aux actionnaires.

Titres nominatifs libérés de 125 francs.

Admission à la côte le 12 septembre 1879.

ADMINISTRATEURS :

Leclercq-Mulliez, Charles Ferlié, L. Niel , Hy. Caulliez;
Administrateurs délégués : Th. Grimonprez, E. Petit.

COURS MOYENS.

1882......	pas coté		1887......	pas coté.
1883......	502,50		1888	pas coté.
1884......	510 »		1889......	pas coté.
1885......	500 »		1890......	500 »
1886......	pas coté.		1891......	pas coté.

Réserve statutaire :   220.547 52

RÉPARTITIONS.

1882	» »		1887	8 »
1883	6,25		1888	8,33
1884	6,50		1889	8,75
1885	6 »		1890	7,50
1886	7,165		1891	» »

CAISSE INDUSTRIELLE DE LILLE.

Société en nom collectif et en commandite, fondée en décembre 1868, par acte passé devant M⁰ Émile Lefebvre, notaire à Lille, sous le nom de Caisse industrielle de Lille, au capital de 300.000 francs ; élevé successivement à un, puis deux millions prorogée en 1878, pour 10 ans et pour une nouvelle période de dix ans par autorisation de l'Assemblée générale extraordinaire du 5 décembre 1887, suivant acte reçu par M⁰ E. Lefebvre, notaire à Lille.

Statuts déposés à Lille, chez M⁰ Émile Lefebvre.

Objet : Toutes opérations de banque et d'escompte.

Dénomination. Caisse industrielle de Lille.

Raison sociale. A. Platel et C⁰.

Siège social, à Lille, Place de la République.

Durée, dix ans.

Capital social : Deux millions en quatre mille actions de 500 fr. nominatives et complètement libérées.

Intérêts payables en janvier, **Dividendes** payables en juillet.

Gérance : A. Platel. Le gérant doit toujours être propriétaire de cinquante actions inaliénables jusqu'après l'apurement des comptes.

Conseil de surveillance de huit membres qui doivent être propriétaires de dix actions au moins.

Assemblée générale ordinaire, dans la première quinzaine de mars, comprenant les propriétaires d'au moins deux actions ; mais seuls les propriétaires de cinq actions donnant droit à une voix, peuvent voter. Maximum des voix : cinq.

Année sociale, du 1ᵉʳ janvier au 31 décembre.

Répartition des bénéfices nets de toutes charges. Après

le prélèvement de la somme nécessaire pour payer 4 $^o/_o$ d'intérêt aux actionnaires, le surplus se répartit ainsi :

10 $^o/_o$ à la réserve.

65 $^o/_o$ aux actionnaires.

25 $^o/_o$ au gérant.

Titres nominatifs.

Admission à la côte, 1er février 1873.

COURS MOYENS.

1882	511,875	1887	372,50
1883	458,75	1888	375 »
1884	475 »	1889	pas coté.
1885	423,75	1690	pas coté.
1886	407,50	1891	297,50

Réserve statutaire au 31 décembre 1890.   39.950, 08

RÉPARTITIONS :

1882	27,50	1887	20 »
1883	25 »	1888	20 »
1884	20 »	1889	20 »
1885	20 »	1890	20 »
1886	20 »	1891	20 »

COMPTOIR D'ESCOMPTE DU NORD

A ROUBAIX.

Société anonyme, formée par acte du 5 mai 1879, passé par devant Me Duthoit, notaire à Roubaix ; définitivement constituée le 5 mai 1879, au capital de 1.000.000 fr., divisé en 2.000 actions de 500 fr.; porté par délibération de l'Assemblée générale extraordinaire du 23 septembre 1880 au capital de 2.000.000 par l'émission de 2.000 actions nouvelles, et par délibération de l'Assemblée générale extraordinaire du 30 août 1882, au capital de 3.000.000. Prorogée par délibération de l'Assemblée générale extraordinaire du 24 avril 1890.

Statuts déposés chez Me Duthoit, notaire à Roubaix.

Objet : Toutes opérations de banque, de finance et de commission.

Dénomination. Comptoir d'escompte du Nord.

Siège social, à Roubaix, 27, rue Nain.

Durée : 24 ans, jusqu'au 4 mai 1903.

Capital social 3.000.000, divisé en 6.000 actions de 500 fr. nominatives et libérées de 250 fr.

Intérêts et dividendes aux époques fixées par le Conseil.

Conseil d'administration : Quatre membres au moins, sept au plus, dont l'un prend le titre d'administrateur directeur ; nommés pour six ans et rééligibles. Chacun doit être propriétaire de 60 actions inaliénables.

Assemblée générale, en avril, comprenant les propriétaires de dix actions, donnant droit à une voix. Maximum de voix : vingt.

Année sociale, du 1er janvier au 31 décembre.

Répartition des bénéfices nets de toutes charges.

10 % à la réserve.

Somme nécessaire pour payer 4 % aux actions.

Le surplus se répartit comme suit :

15 % aux administrateurs.
85 % dividendes aux actionnaires.

Titres nominatifs libérés de 250 francs.
Admission à la côte, 7 novembre 1881.

ADMINISTRATEURS :

Léon Allard, Ed. Jourdan, Léon Déprès, A. Hindré.

COURS MOYENS.

1882	565,625		1887	482,50
1883	548,75		1888	497,50
1884	pas coté.		1889	490 »
1885	557,50		1890	pas coté.
1886	527,50		1891	pas coté.

Réserve statutaire.

RÉPARTITIONS :

1882	» »		1887	5 »
1883	7,50		1888	7,50
1884	10 »		1889	12 »
1885	7,50		1890	10 »
1886	7,50		1891	» »

CRÉDIT DU NORD.

Société anonyme fondée en 1848, sous le nom de Comptoir d'Escompte de l'arrondissement de Lille ; modifiée par délibération de l'Assemblée générale extraordinaire du 21 juillet 1853 ; constituée le 13 février 1854 au capital de 2.000.000 en 4.000 actions de 500 fr. suivant décret d'autorisation du 10 mai 1854. La Société fut transformée en Société anonyme, sous le nom de Société de Crédit Industriel et de dépôts du Nord, au capital de 20.000.000 en 40.000 actions de 500 fr. libérées de 125 fr., autorisée par décret du 5 mai 1866 ; devenue Société anonyme libre, conformément à la loi du 24 juillet 1867, suivant autorisation du décret impérial du 30 mai 1670. Modifiée par délibération de l'Assemblée générale extraordinaire du 19 octobre 1871, qui lui donne le nom de Crédit du Nord. Actuellement régie par les statuts approuvés par l'Assemblée générale extraordinaire d'octobre 1888.

Statuts déposés chez Me Deledicque, notaire à Lille.

Objet : Toutes opérations et banque d'escompte.

Dénomination : Société anonyme du Crédit du Nord.

Siège social à Lille avec succursales à Roubaix, Armentières, Tourcoing, Paris, 45, rue Étienne Marcel.

Durée trente ans du 5 mai 1866 au 5 mai 1896.

Capital social : 20.000.000 en quarante mille actions de 500 fr. nominatives libérées de 125 francs.

Intérêts et **dividendes** : à compte le 1er novembre, solde le 1er mai.

Conseil d'administration de 12 membres au moins, 18 au plus, nommés pour six ans, renouvelables par série de trois membres chaque année, devant être chacun propriétaires de cent actions inaliénables pendant la durée de fonctions.

Le directeur doit également déposer cent actions inaliénables.

Assemblée générale : en avril composée de tous les

actionnaires propriétaires de vingt actions au moins donnant droit à une voix. Maximum des voix : 20.

Année sociale : du 1er janvier au 31 décembre.

Répartition des bénéfices nets de toutes charges. Lorsque les bénéfices semestriels sont supérieurs à 2 % du capital versé, une retenue de 1/4 est exercée au profit de la réserve ; quand ils sont supérieurs à 4 %, la retenue est de 1/3 ; le surplus est réparti aux actionnaires. En aucun cas, cette retenue ne peut être inférieure au vingtième des bénéfices nets.

Titres nominatifs libérés de 125 fr.

Admission à la cote : le 31 août 1866.

ADMINISTRATEURS :

Crespel-Tilloy, président ; Scrive-Bigo, Catel-Béghin, Ange Descamps, G. Dubar, J. Lefebvre, A. Lemay, H^y Mathon, Fr. Roussel, J. Schoutteten, A. Thiriez, Woussen-Castrique.

COURS MOYENS :

1882......	535	1887......	426,25
1883......	537,50	1888......	423,125
1884	516,25	1889......	420,625
1885......	487,50	1890......	410,625
1886......	452,50	1891......	443,75

RÉPARTITIONS :

1882......	12,50	1887. ...	»
1883......	8	1888......	»
1884.....	7,50	1889......	»
1885......	5	1890......	»
1886......	»	1891......	»

Réserve statutaire : 183.581 99

Réserve de prévoyance : 464.269 17

HENRI DEVILDER ET CIE.

Société en nom collectif et **en commandite** par actions, fondée le 15 juin 1867, sous le nom de Henri Devilder et Cie, actuellement régie par les statuts en date du 12 mars 1877 déposés à Me Deledicque, notaire à Lille.

Objet : Toutes opérations de Banque, d'Escompte et de Finance à l'exclusion de participations financières ou autres, et d'opérations de bourse pour son propre compte.

Dénomination : Société Henri Devilder et Cie.

Raison sociale : Henri Devilder et Cie.

Siège social à Lille avec succursales à Roubaix, Tourcoing, Armentières, Comines, Calais, Béthune.

Durée quinze ans expirant le 31 décembre 1892.

Intérêts et dividendes payables les 15 janvier et 15 juillet.

Capital social : 10.000.000 en 10.000 actions de 1.000 fr. nominatives libérées de 500 fr.

Gérance : Henri Devilder.

La gérance devra toujours être propriétaire de cinq cents actions inaliénables.

Commission de surveillance de 9 membres au moins, 12 au plus. Propriétaires de 25 actions.

Assemblée générale ordinaire le 3e lundi de février, composée de tous les actionnaires. Seuls les propriétaires de cinq actions donnant droit à une voix peuvent prendre part au vote. Maximum des voix : dix.

Année sociale : du 1er janvier au 31 décembre.

Répartition des bénéfices nets de toutes charges.

1° Somme nécessaire pour payer 4 % comme intérêt aux actions ;

2° 10 % à la réserve.

Le surplus est partagé à raison de :

65 % aux actions ;

35 % à la gérance.

Titres nominatifs de 1.000 fr. libérés de 500 fr. Intérêts et dividendes payables à Lille et aux succursales.

Admission à la cote : le 26 décembre 1868.

COURS MOYENS

1882......	1200 »	1887......	1025
1883......	1090 »	1888......	1016,875
1884......	1067,50	1889......	1067,50
1885......	1027,50	1890......	1125
1886......	1014,375	1891......	1170

RÉPARTITIONS :

1882......	35,85	1887......	31,25
1883......	43,75	1888......	35
1884......	37,50	1889......	42,50
1885......	26,28	1890......	43,75
1886......	35 »	1891......	»

Réserve statutaire : 430.974,75

CAISSE DE LIQUIDATION DE ROUBAIX-TOURCOING

Société anonyme formée par acte reçu par Mᵉ Duthoit, notaire à Roubaix, le 22 mai 1888. Constituée définitivement le 26 juillet 1888. Statuts déposés chez Mᵉ Duthoit.

Objet : Garantir à des tiers la bonne exécution d'opérations à terme sur marchandises ; liquider ces opérations même par anticipation et faire dans ce but tout ce qui sera nécessaire.

Dénomination : Caisse de liquidation des opérations sur marchandises de Roubaix-Tourcoing.

Siège social : à Roubaix, 57, rue Fosse-aux-Chênes.

Durée : dix ans, du 26 juillet 1888 au 26 juillet 1898.

Capital : un million en 1.000 actions de 1.000 francs libérées de 250 francs et nominatives.

Dividendes : distribués aux époques fixées par le Conseil d'administration.

Conseil d'administration : sept membres au moins, nommés pour trois ans renouvelables par tiers et devant être chacun propriétaires de vingt actions inaliénables.

Assemblée générale : dans les quatre mois qui suivent la clôture de l'inventaire ; composée de tous les actionnaires propriétaires d'au moins cinq actions donnant droit à une voix Maximum des voix : vingt.

Année sociale : du 1ᵉʳ janvier au 31 décembre.

Répartition des bénéfices nets de toutes charges :

10 % pour la réserve légale jusqu'à concurrence des 1/5 du capital social.

90 % dividendes aux actions.

Les **titres** sont nominatifs, munis de coupons numérotés de 1 à 32, les transferts sont inscrits au dos du titre.

ADMINISTRATEURS :

L. Cordonnier, président; A. Six, Ed. Motte, F. Lorthiois, Motte, J. Masurel, Barrois-Lepers, G. Wattinne, F. Masurel-Jonglez, J. Rasson-Valentin.

COURS MOYENS.

1890...... 1.750 | 1891...... Pas coté.

RÉPARTITION :

1890 100

CHAPITRE III.

EAUX — GAZ — TRANSPORTS — DIVERS

BAINS ET LAVOIRS D'ARMENTIÈRES.

Société anonyme fondée le 11 juillet 1891, définitivement constituée le 27 juillet 1891, suivant acte reçu par Me Dufour, notaire à Armentières. Par un traité en date du 4 novembre 1890, la ville d'Armentières garantit une recette minima de onze mille francs l'an à la société qui l'a déléguée à la banque Verley-Decroix, pour servir à payer l'intérêt à 3,75 % aux actions et employer le surplus, soit 1,80 %, à l'amortissement desdits titres en trente années. Statuts déposés chez Me Dufour.

Objet : Création et exploitation d'un établissement hydrothérapique à Armentières.

Dénomination : Société anonyme des Bains et Lavoirs d'Armentières.

Siège social : A Armentières.

Durée : Trente ans, jusqu'au 31 décembre 1921.

Capital social : 200.000 fr. divisé en 400 actions de 500 fr. entièrement libérées, dont cinquante attribuées à l'apporteur.

Intérêts le 15 janvier. **Dividendes** en juillet.

Conseil d'administration de 3 membres au moins, 5 au plus, nommés par l'assemblée générale pour cinq ans et renouvelables au bout de la 5e année à partir de la fondation, à raison de un membre par année. Les administrateurs doivent être propriétaires de cinq actions inaliénables.

Assemblée générale, dans le courant de mai, composée de tous les propriétaires d'actions ayant droit à autant de voix qu'ils ont d'actions.

Année sociale : 1er janvier au 31 décembre.

Répartition des bénéfices nets de toutes charges :

5 % à la réserve jusqu'au maximum du 1/10 du capital social.

Prélèvement d'une somme de 11.000 fr. pour servir aux actions l'intérêt de 3,70 % et 1,80 employé à l'amortissement des titres qui, une fois amortis, sont remplacés par des actions de jouissance n'ayant plus droit qu'aux dividendes. Il est ensuite prélevé 10 % pour le conseil.

Le solde se répartit ainsi :

    25 % à la ville d'Armentières ;

    50 % aux actionnaires à titre de dividendes ;

    25 % aux deux cent cinquante parts de fondateurs.

Titres : Au porteur ou mixtes. Les titres au porteur sur fond jaune sont munis d'une feuillle adhérente de coupons numérotés de 1 à 30. Le dernier à l'échéance du 15 juillet 1922. Les coupons d'intérêt à l'échéance du 15 janvier, les coupons de dividendes à l'échéance du 15 juillet portent les mêmes numéros pour la même année. Au bas du titre : tableau d'amortissement des actions. Le coupon d'intérêt N° 1 est à l'échéance du 15 janvier 1893.

Les titres mixtes sont sur fond gris bleu et ont les mêmes dispositions que les titres au porteur.

Admission à la cote le 15 février 1892.

ADMINISTRATEURS :

Éd. Philippe, L. Decherf, J.-B. Rogeau, G. Lacherez, Ch. Loridan.

EAUX DE DUNKERQUE.

Société anonyme formée suivant acte reçu par M⁰ Leturgie, notaire à Béthune, le 23 janvier 1890, constituée définitivement le 20 mars 1890. Modifiée par l'assemblée générale du 19 mars 1891.

Objet : Exploitation de la concession d'eau de la ville de Dunkerque, — concédée par traité du 5 octobre 1888 passé entre le maire de Dunkerque, autorisé par le conseil municipal et l'apporteur, — approuvée par arrêté préfectoral du 21 octobre 1888. La Société peut également exploiter les concessions qui lui seraient accordées dans la vallée qui s'étend de Watten à Dunkerque.

Dénomination : Société anonyme des eaux de Dunkerque.

Siège social : A Dunkerque, rue du Sud, 48.

Durée : Soixante années à partir de la mise en exploitation du service des eaux de Houlle.

Capital. D'abord de 750.000 fr. en 1.500 actions de 500 fr. complètement libérées, il a été porté à 1.120.000 fr. par la création de 740 actions émises au pair ; au total 2.240 actions.

Intérêts et dividendes en janvier et juillet.

Conseil d'administration de six membres au moins, neuf au plus, nommés pour trois ans, renouvelables par tiers et devant être propriétaires chacun de vingt actions inaliénables.

Assemblée générale : Dans le premier trimestre de l'année. Elle comprend les actionnaires propriétaires de cinq actions au moins donnant droit à une voix.

Maximum de voix : 20 voix.

Année sociale : Du 1ᵉʳ janvier au 31 décembre.

Répartition des bénéfices nets :

1° 5 % à la réserve ;

2° Somme suffisante pour payer l'intérêt de 5 % aux actions non amorties ;

3° Somme suffisante pour amortir les actions en 60 ans ;

Le surplus est distribué à titre de dividendes aux actions.

L'amortissement des actions s'opère par un tirage au sort aux époques déterminées par le Conseil. Les actions amorties sont remboursables à 500 fr. et n'ont plus droit qu'aux dividendes.

Titres au porteur : Vert d'eau. Coupons numérotés de 1 à 60, sans mention d'échéance, payables au siège social.

Admission à la cote le 5 septembre 1890.

ADMINISTRATEURS :

Em. Marchand, A. Belle, L. Deguisne, L. Degand, Gust. Debavelaere, Blankaert.

COURS MOYENS :

1890........ 502,50 | 1891 ...... Pas coté.

RÉPARTITIONS :

1890 .... 12,50 | 1891...... —

OBLIGATIONS.

Emprunt de 1.200.000 fr. en 2.400 obligations de 500 fr., autorisée par l'article 6 des statuts, émises à 455 fr. Remboursables au pair de 500 fr. en 60 ans, du 1ᵉʳ juillet 1892 au 1ᵉʳ juillet 1951. Tirage annuel le 1ᵉʳ juin. Remboursement à partir du 1ᵉʳ juillet au siège social.

Intérêts semestriels de 10 fr. les 1ᵉʳ janvier et 1ᵉʳ juillet Les obligations remboursables à raison de quarante par année, ont pour affectation spéciale de ce remboursement la somme de 20.000 fr. prélevés sur la redevance annuelle de la ville.

Titres : Chamois clair fond blanc. Coupons numérotés de 1 à 60, le dernier à l'échéance du 1ᵉʳ janvier 1921.

Aucun de ces titres n'est encore amorti.

Admission à la cote le 5 septembre 1890.

COURS MOYEN :

1890.......... 455 | 1891 455,05

GAZ DE WAZEMMES

(SOCIÉTÉ DU)

Société en commandite constituée les 20, 28 et 31 décembre 1846, sous la raison sociale «Société Anglo-Française » suivant acte reçu par M° Berceon, notaire à Paris ; devenue en 1847, Blaise et C° ; en 1849, Dehée-Lefebvre et C°. Devenue J.-B. Guermonprez et C° ; et modifiée suivant délibération des Assemblées générales des 23 juillet 1860, 2 février 1863, 1er juin 1864, 29 novembre 1865, 24 avril 1876 30 mars 1881, 18 février 1884 (devenue à cette époque Ed. Melon et C°) 18 mars 1886, 24 mars 1888, 17 juillet 1890 (époque à laquelle elle prend son nom actuel de G. De Vigne et C°) et le 30 janvier 1892. Statuts déposés chez M° Deledicque, notaire à Lille.

Objet : Exploitation de l'éclairage et du chauffage par le gaz dans toutes communes ; toutes affaires ou opérations pouvant se rattacher à tout autre mode d'éclairage et de chauffage : tous intérêts à prendre dans des exploitations ou établissements pour la production ou le travail de matières françaises, nécessaires à l'éclairage et au chauffage par le gaz.

Dénomination. Société du gaz de Wazemmes.

Raison sociale. Georges De Vigne et C°.

Siège social, à Lille, 61, boulevard Montebello.

Durée jusqu'au 1er janvier 1934.

Capital social à l'origine de 1.400.000 fr. en 2.800 actions de 500 fr. libérées ; porté à 3.500.000 fr. par la création de 4.200

actions de 500 fr., il est actuellement de 3.500.000 fr. en 28.000 actions de 125 fr. par la division en 1/4 des 7.000 actions d'origine.

Intérêts et Dividendes, 15 avril à-compte, 15 octobre solde.

Gérant : Georges De Vigne. Le gérant doit être propriétaire de cent actions inaliénables. Il est nommé par l'Assemblée générale.

Conseil de surveillance, de sept membres renouvelable par tiers.

Assemblée générale ordinaire avant la fin de septembre, composée des propriétaires d'au moins vingt actions, donnant droit à une voix. Maximum des voix : 20 en nom personnel et vingt comme mandataire au total 40.

Année sociale, du 1er juillet au 30 juin.

Répartition des bénéfices nets de toutes charges.

5 % à la réserve jusqu'à ce qu'il atteigne de dixième du capital social.

5 % maximum pour un fonds de prévoyance et d'amortissement.

1 % à la caisse de secours du personnel de la Société.

Le surplus est réparti comme suit :

5 % au gérant.

95 % aux actionnaires.

Titres. Jaune clair, ils portent la mention, actions de 125 fr.; feuille adhérente de coupons numérotés de 40 à 68, et portant la mention « Coupon de dividende » ; coupons, payables à Lille au Crédit du Nord.

Admission à la cote, le 1er juillet 1861.

COURS MOYENS.

1882	522,18		1887	422,42
1883	520,58		1888	464.656
1884	444,984		1889	500,845
1885	468,84		1890	529,58
1886	434,107		1891	504,50

RÉPARTITIONS.

1881-82	28,75	1886-87	22
1882-83	27 50	1887-88	22,50
1883-84	22	1888-89	20
1884-85	25	1889-90	25
1885-86	25	1890-91	26

OBLIGATIONS

1re ÉMISSION.

Emprunt de 2 millions en 4.000 obligations de 500 fr. autorisé par l'Assemblée générale extraordinaire du 19 mai 1885, émises en deux séries. La première série fut emise le 15 août 1885, au cours de 485 fr. numérotée de 1 à 2.000. La deuxième série, le 1er juillet 1886, au cours de 500 fr. numérotée de 2.001 à 4.000.

Remboursables au pair de 500 fr. en vingt-cinq ans, à partir de 1889.

Tirage annuel à l'Assemblée générale ordinaire.

Remboursement des titres sortis le 15 octobre suivant.

Intérêts semestriels de 12 fr. 50, les 15 avril et 15 octobre.

2e ÉMISSION.

Emprunt de 1.000.000 en 2.000 obligations de 500 fr., autorisé par l'Assemblée générale du 24 mars 1888, émises au pair, le 15 avril 1888, numérotées de 4.001 à 6.000. Remboursables au pair à 500 fr. en vingt-cinq ans, à partir de 1895.

Tirage annuel à l'Assemblée générale ordinaire.

Remboursement des titres sortis, le 15 octobre suivant.

Intérêts semestriels de 12 fr. 50, les 15 octobre et 15 avril.

Titres : Fond jaune foncé, feuille adhérente et coupon numérotés de 1 à 61. Le dernier coupon de la 1re émission porte la date du 15 avril 1913; celui de la 2e émission du 15 avril 1919. Au verso tableau d'amortissement. Coupons et remboursement des titres amortis à Lille, au Crédit du Nord et au siège social.

Le 2 janvier 1892, 264 titres de la 1re émission étaient amortis.

Les titres des diverses émissions sont cotées sous la même rubrique, Une 3e émission de 2.000 obligations du même type va être émise incessamment.

Admission à la cote le 16 avril 1885.

COURS MOYENS.

1885	500,132	1889	513,375
1886	509,66	1890	513,25
1887	513,75	1891	510,458
1888	510,50		

COMPAGNIE GÉNÉRALE DES BATEAUX A VAPEUR A HÉLICE DU NORD.

Société en commandite formée le 19 novembre 1853, aux termes d'un acte devant M⁰ Habert, notaire à Paris, sous les raisons sociales successives, Richard et Cᵉ, Ed. Petitqueux et Cᵉ, Berthelot Derode et Cᵉ, Charles Morin et Cᵉ, au capital de 1.450.000 fr. en 1.450 actions de 1.000 fr. libérées. Transformée en société anonyme au capital de 1.450.000 fr. par décision de l'Assemblée générale extraordinaire du 31 mai 1875 ; constituée le même jour par acte devant Mᵉ Bazin, notaire à Paris ; prorogée au 31 décembre 1908, par décision, de l'Assemblée générale du 17 mai 1877.

Statuts déposés chez Mᵉ Bazin, notaire à Paris.

Objet : Service de navigation entre Dunkerque, St-Pétersbourg, le Havre, Bordeaux, Londres, Bône et généralement tous ports quelconques.

Établissement et exploitation de maisons de transit, commission, agence.

Affrètement de tous navires et généralement toutes affaires se rattachant aux opérations maritimes.

Dénomination : Compagnie générale des Bateaux à vapeur à hélice du Nord.

Durée, jusqu'au 31 décembre 1908.

Siège social, à Dunkerque.

Capital social, 1.450.000 fr. en 2.900 actions de 500 fr. libérées.

Intérêts et **Dividendes** aux époques fixées par le Conseil.

Conseil d'administration : Cinq membres nommés pour trois ans, renouvelables par tiers chaque année, et devant être chacun propriétaires de quarante actions inaliénables.

Assemblée générale, en mai : elle comprend tous les actionnaires propriétaires depuis plus de quarante-cinq jours, de quarante actions, au moins. Maximum des voix : deux. Les actionnaires propriétaires de moins de quarante actions peuvent se grouper et nommer un mandataire par groupe de quarante actions.

Année sociale, 1er janvier au 31 décembre.

Répartition des bénéfices nets de toutes charges.

1° 10 % pour former un fonds de réserve :

2° Somme suffisante pour servir à chaque action l'intérêt à 5 % :

3° Somme égale à 5 % du capital nominal pour le fonds de prévoyance.

Le surplus est distribué aux actionnaires comme dividende ou employé en amortissements.

L'Assemblée générale est maîtresse de fixer l'amortissement des actions par tirage, rachat ou de toute autre manière.

Titres nominatifs entièrement libérés.

Admission à la cote, le 30 août 1876.

ADMINISTRATEURS :

Roy-Lallier, G. Verberckmoes, R. Francez, Bon de Berthois, Fr. Morel.

COURS MOYENS

Les titres n'ont jamais donné lieu à transaction.

RÉPARTITIONS :

1882	30	»	1887	25	»
1883	30	»	1888	»	»
1884	»	»	1889	25	»
1885	»	»	1890	25	»
1886	25	»	1891	»	»

Réserves.

BENJAMIN DELGUTTE ET CIE

Société en nom collectif et en commandite constituée le 26 novembre 1889, suivant acte reçu par Me Desmazières, notaire à Lille.

Statuts déposés chez Me Desmazières.

Objet : Exploitation du roulage et affaires de commission, transit, entrepôt, consignation, avances sur marchandises, camionnage, achats et ventes de marchandises.

Dénomination : Benjamin Delgutte et Ce.

Siège social, à Lille, 38, rue de Cambrai.

Durée, 50 ans, à partir du 1er janvier 1890.

Capital social : 1.250.000 fr. divisé en 2.500 actions de 500 fr. libérées, dont 2.400 actions attribuées comme apport au fondateur.

Intérêts en janvier et **Dividendes** en juillet.

Gérance : Benjamin Delgutte devant être propriétaire de cent actions inaliénables. Le gérant est irrévocable.

Conseil de surveillance : de quatre membres nommés pour quatre ans et renouvelables par quart, devant être propriétaires chacun d'au moins vingt actions inaliénables.

Assemblée générale, dans les cinq premiers mois de l'année, composée de tous les propriétaires d'au moins dix actions donnant droit à une voix. Maximum de voix : dix.

Année social, du 1er janvier au 31 décembre.

Répartition des bénéfices : Il est prélevé d'abord les frais généraux qui comprennent l'intérêt à 5 % dû aux actions ; ensuite les sommes nécessaires à l'amortissement par annuités des frais de premier établissement et de la moitié du fonds social. Le surplus est réparti comme suit après prélèvement de 5 % pour la réserve :

75 °/₀ aux actionnaires.

25 °/₀ au gérant.

Titres : Blanc, avec feuilles de coupons numérotés de 1 à 99, le dernier à l'échéance du 1ᵉʳ janvier 1940, et portant la mention : « intérêts, janvier, dividendes, juillet. » Coupons payables au siège social.

Admission à la cote, le 2 janvier 1890.

COUR MOYENS.

1890...... 563,83 | 1891...... 524,561

RÉPARTITIONS :

1890...... 50 » — 1891...... 50 »

CHEMINS DE FER, CARRIÈRES ET CIMENTS

d'ESTRÉES-BLANCHE.

Société anonyme formée par acte sous seing privé du 12 mai 1882, définitivement constituée par acte reçu le 10 juin 1882, par Me Lozé, notaire à Arras.

Statuts déposés chez Me Lozé, notaire à Arras.

Objet : Exploitation du chemin de fer d'Enquin à Isbergue (Pas-de-Calais), de carrières et marnes dans les arrondissements de St-Omer et Béthune. Fabrication de ciments et briques.

Dénomination. Chemins de fer, carrières et ciments d'Estrées-Blanche.

Siège social : Estrées-Blanche (Pas-de-Calais).

Durée, trente ans jusqu'au 31 décembre 1912.

Capital social : 1.250.000 fr. en 2.500 actions de 500 fr.

Intérêts et **dividendes**, aux époques fixées par le Conseil.

Conseil d'administration, de cinq membres, renouvelables par cinquième, devant être chacun propriétaire de dix actions inaliénables.

Assemblée générale, en mai, comprenant tous les porteurs de cinq actions au moins donnant droit à une voix sans maximum de voix.

Répartition des bénéfices nets :

50 % à la réserve au minimum.

Le surplus appartient :

10 % aux administrateurs.

5 % à la direction et au personnel.

85 % aux actionnaires.

Titres : Rouge, feuille de coupons numérotés de 1 à 20.

Admission à la cote, le 8 janvier 1888.

ADMINISTRATEURS :

Germe. Ridoux, Guérard, Coez, Morel.

COURS MOYEN.

1888...... 110 » | 1890...... 81,875
1889...... 135 » | 1891...... 233,125

RÉPARTITIONS :

Néant.

CHEMINS DE FER ÉCONOMIQUES DU NORD.

Société anonyme formée d'abord à Bruxelles sous le nom de Société des tramways et chemins de fer économiques de Valenciennes à Anzin, par acte devant M⁰ Deleforterie, notaire à Bruxelles, le 24 février 1880 ; modifiée les 9 juillet 1881, 6 novembre 1882 et 7 avril 1883, suivant acte passé par devant M⁰ Van Halteren, notaire à Bruxelles ; dissoute et transformée en société anonyme française par décision de l'Assemblée générale extr. ordinaire du 9 mai 1883. Constituée le 7 décembre 1883, par acte passé devant M⁰ Bultot, notaire à Valenciennes. Décret du 30 mars 1885 approuvant la substitution de la Société des chemins de fer économiques à la Société des tramways et chemins de fer économiques de Valenciennes à Anzin.

Statuts chez M⁰ Bultot, notaire à Valenciennes.

Objet : exploitation et construction de toutes lignes de tramways ou railways en France ou à l'étranger.

Dénomination : Chemins de fer économiques du Nord.

Durée : 99 ans à partir de la constitution définitive de la société.

Siège social : à Anzin.

Capital social : originairement de 3.002.000 en 6.004 actions de 500 fr., porté à 7.000.000 en 14.000 actions de 500 fr. entièrement libérées par délibération de l'Assemblée générale extraordinaire du 24 février 1890.

Intérêts et dividendes : 15 mars, 15 septembre.

Conseil d'administration de trois membres au moins, onze au plus, nommés pour six ans, renouvelables par tiers tous les deux ans, devant être propriétaires chacun de vingt actions inaliénables.

Assemblée générale ordinaire avant le 15 mai, comprenant tous les actionnaires porteurs de vingt actions donnant droit à une voix. Maximum des voix : 20. Aux assemblées générales extraordinaires, les porteurs de cinq actions ont une voix et le maximum des voix est 50.

Année sociale du 1er janvier au 31 décembre.

Répartition des bénéfices nets de toutes charges :

1° 5 % à la réserve jusqu'à concurrence du 1/10 du capital social ;

2° Somme nécessaire pour donner l'intérêt à 5 % aux actions ;

3° 3 % destinés à l'amortissement des actions par rachat en bourse au pair.

Après ces prélèvements, 1 % à chaque administrateur.

Le surplus est réparti comme suit :

   50 % aux actions,
   50 % aux parts de fondateur.

Titres, jaune, fond plus clair, feuilles adhérentes de coupons à droite pour les soldes de dividendes numérotés de 1 à 60 ; à gauche pour les à-comptes numérotés de 1 à 59.

Coupons payables au siège social.

Admission à la côte le 8 novembre 1886.

ADMINISTRATEURS :

Caze, Terlinden, Empain.

COURS MOYENS.

1886	425,50		1889	427,50
1887	349,375		1890	484,04
1888	396,3125		1891	522,528

RÉPARTITIONS :

1886	25	»	1889	25 »
1887	25	»	1890	25 »
1888	25	»	1891	» »

OBLIGATIONS.

Emprunt de 1.361.000, en 2.722 obligations de 500 fr. entièrement libérées ; autorisé par l'article 19 des statuts et par décision ministérielle du 16 janvier 1886, émises à 490 les 26 et 27 janvier 1886. Remboursables au pair à 500 en 45 ans. Dernier tirage, 15 mai 1930.

Tirages : à l'époque de l'Assemblée générale ordinaire. La Compagnie se réserve le droit d'employer l'annuité d'amortissement à racheter en bourse les titres au-dessous du pair.

Remboursements des titres sortis, le 15 juin.

Intérêts semestriels de 12,50, 15 juin, 15 décembre.

Titres, gris bleuté, vignette noire, coupons numérotés de 1 à 44, le dernier au 15 décembre 1907.

Au verso, tableau d'amortissement.

Les obligataires ont le droit statutaire de se grouper en syndicat, pour leurs syndics être admis aux assemblées générales sans voix délibératives.

Le 2 janvier 1892, 117 de ces titres étaient amortis.

Admission à la côte le 8 novembre 1886.

COURS MOYENS.

1886......	487,50		1889......	Pas coté.
1887......	497,50		1890......	467,75
1888......	Pas coté.		1891......	Pas coté.

CHAPITRE IV

CIMENTS — MÉCANIQUES — TEXTILES — VERRERIES

CIMENTS FRANÇAIS

Société anonyme des Ciments français et des Portlands de Boulogne-sur-Mer
et Compagnie des Portlands de Desvres
(marques réunies Demarle, Lonquety et Cie et E. Famchon et Cie.)

Société anonyme, formée le 2 décembre 1880, définitivement constituée le 11 décembre 1880 ; actes reçus par Me Ponticourt, notaire à Boulogne-sur-Mer ; modifiée par décision des assemblées générales des 29 janvier 1881, 16 mai 1882, 19 mai 1884. Provenant de la fusion de la Société anonyme des ciments français et des portlands de Boulogne-sur-Mer, issue elle-même de la Société en nom collectif « Lonquety et Cie » constituée le 14 novembre 1876, avec la Société en commandite « E. Famchon et Cie » dite des portlands de Desvres, constituée le 23 novembre 1873.

Objet : Exploitation des usines de ciment portland, Lonquety et Famchon ; acquisition et exploitation d'autres usines du même genre.

Dénomination : Société des ciments français et des portlands de Boulogne-sur-Mer, et Compagnie des portlands de Desvres : marques réunies : Demarle, Lonquety et Cie et E. Famchon et Cie.

Siège social : Boulogne-sur-Mer.

Durée : trente ans, du 1er janvier 1881 au 1er janvier 1911.

Capital social : A l'origine, 22.000.000 en 44.000 actions de 500 fr., émises au pair, libérées et au porteur ; dont 38.000 actions d'apport. Depuis, par suite de rachats effectués, le capital s'est trouvé, au 31 décembre 1891, amorti de 2.000.000, par l'annulation de 4.000 actions.

Intérêts et dividendes : Aux époques fixées par le Conseil.

Conseil d'administration de 7 à 12 membres nommés pour 6 ans, renouvelables par tiers tous les deux ans, devant être propriétaires chacun de 50 actions inaliénables.

Le directeur est M. Famchon, aux appointements de 40.000 fr. et 10 % dans les bénéfices.

Assemblée générale ordinaire avant le 1er juin, composée des propriétaires de 25 actions donnant droit à une voix. Maximum des voix 50, comme propriétaire et 50 comme mandataire.

Année sociale : 1er janvier au 31 décembre.

Répartition des bénéfices nets de toutes charges.

1° 5 % pour la réserve jusqu'à ce qu'elle atteigne 10 % du capital social ;

2° Somme suffisante pour payer l'intérêt à 5 % aux actions.

Il peut être constitué une réserve de prévoyance destinée notamment à payer l'intérêt à 5 % aux actions en cas d'insuffisance des produits d'un exercice et à l'amortissement des actions par remboursement.

Le surplus se répartit comme suit :

1° 10 % à la direction ;

2° 15 % au Conseil ;

3° 75 % aux actionnaires comme dividende.

Ces 75 % peuvent être employés à l'amortissement des actions par rachats en bourse au-dessous du pair.

Titres : Teinte paille sur fond blanc, numérotés de 1 à 44.000. Feuille adhérente des coupons, numérotés, sans date d'échéance ; le dernier porte le N° 36.

Intérêts et dividendes : payables à Paris à la Société générale, rue de Provence, 54.

Admission à la cote le 1er août 1881.

ADMINISTRATEURS :

Ch. Lacherez, Farjon, L. Appert: baron Boissonnet, G. Gobron, Huret-Lagache, J. Lefebvre, M. Lonquety, U. Senéchal, P. Terrier, Lagache-St-Gest.

COURS MOYENS.

1882..........	Pas coté		1887..........	175 »
1883..........	Pas coté		1888..........	Pas coté
1884..........	227,50		1889..........	Pas coté
1885..........	170 »		1890..........	270 »
1886..........	120 »		1891..........	Pas coté

RÉPARTITIONS.

1882..........	25 »		1887..........	10 »
1883..........	» »		1888..........	12,50
1884..........	20 »		1889..........	17 »
1885..........	» »		1890..........	13 »
1886..........	7,50		1891..........	» »

Réserve statutaire : 494.543.
Réserve de prévoyance : 193.947,13.

CIMENTS DE DANNES

PORTLAND COURONNE.

Société anonyme formée par acte passé devant M⁰ Delcourt, notaire à Boulogne-sur-Mer, le 19 avril 1883. Définitivement constituée les 2 et 26 mai 1883, suivant acte du 13 juin 1883. Provenant de la Société en commandite « Jean Van der Zée » constituée le 26 juillet 1881 par acte chez M⁰ Delcourt, notaire à Boulogne-sur-Mer ; devenue société « E. Zoller et Cⁱᵉ » par délibération de l'Assemblée générale du 10 juillet 1882, dont procèsverbal déposé le 15 juillet 1882, chez M⁰ Delcourt, notaire à Boulogne.

Statuts chez M⁰ Delcourt, notaire à Boulogne.

Objet : Exploitation d'une usine à ciments située à Dannes.

Dénomination : Ciments de Dannes, Portland-Couronne. (ancienne société Zoller et Cⁱᵉ).

Siège social : Dannes, canton de Samer (Pas-de-Calais).

Durée : Trente ans jusqu'au 26 mai 1913.

Capital social : 1.500.000 en 3.000 actions de 500, entièrement libérées au porteur.

Intérêts et dividendes : aux époques fixées par le Conseil.

Conseil d'administration de trois membres au moins, sept au plus, devant être propriétaires chacun de quarante actions inaliénables et renouvelables tous les deux ans.

Assemblée générale dans les 4 premiers mois de l'année ; elle comprend les actionnaires propriétaires de vingt actions. Maximum des voix : vingt personnelles, vingt comme mandataire, sauf le cas prévu par le § II, art. 27, de la loi du 24 juillet 1867 où le maximum est dix.

Année sociale : 1ᵉʳ janvier au 31 décembre.

Répartition des bénéfices nets de toutes charges :

1° 5 % à la réserve légale ;

2° Somme nécessaire pour payer 5 % d'intérêt au capital ;

3° 10 % amortissement.

Le surplus est réparti comme suit :

1° 5 % au Conseil ;

2° 12 % aux employés dont 5 % assurés à M. Zoller ;

3° 83 % aux actions.

Titres : Chamois clair, feuille adhérente de coupons numérotés de 1 à 30, coupons payables au siège social.

Admission à la cote le 22 janvier 1891.

ADMINISTRATEURS :

Henri Cuvelier, P. Cuvelier, Alf. Charvet, Em. Evrard, Em. Raux, Em. Rouzé.

COURS MOYENS.

1891 .... Pas coté.

RÉPARTITION.

1890................................... 30

Réserve statutaire 28,261 14.

CONSTRUCTIONS MÉCANIQUES D'ANZIN
(SOCIÉTÉ ANONYME DES).

Société anonyme, constituée suivant acte reçu par M° Duplan, notaire à Paris, le 15 décembre 1876, comme remplaçant la société en commandite simple : L. A. de Quillacq et Cⁱᵉ, fondée en 1866.

Statuts chez M° Duplan, notaire à Paris.

Objet : Entreprise de toutes constructions mécaniques, de tous travaux publics et privés, exploitation d'une cale de halage dans le port de Dunkerque. Les opérations peuvent s'étendre à l'étranger.

Dénomination : Société anonyme de constructions mécaniques d'Anzin (établissements de Quillacq).

Siège social : à Anzin (Nord).

Durée : 29 ans et 9 mois, du 1ᵉʳ janvier 1877 au 30 septembre 1906.

Capital social : 1.100.000 en 2.200 actions de 500 fr. complètement libérées et au porteur.

Intérêts et dividendes : aux époques fixées par le Conseil d'administration.

Conseil d'administration de trois à sept membres, nommés pour six ans, renouvelables tous les six ans en masse, et devant être propriétaires chacun de quarante actions inaliénables.

Assemblée générale : Dans le courant de décembre ou janvier, composée des actionnaires propriétaires de vingt actions, donnant droit à une voix. Maximum des voix : 20.

Année sociale : du 1ᵉʳ octobre au 30 septembre.

Répartition des bénéfices nets de toutes charges :

1° 5 %, à la réserve légale ;

2° Somme nécessaire pour payer l'intérêt 6 %, l'an aux actions ;

3° 8 %, à l'administrateur délégué, sur les bénéfices inférieurs à 100.000 fr., 10 %, au-delà de ces bénéfices, 5 %, au personnel ;

4° Somme déterminée par l'Assemblée pour fonds de réserve extraordinaire.

Ces prélèvements opérés, le solde se répartit :

1° 75 %, comme dividende aux actions ;

2° 15 %, au Conseil ;

3° 10 %, réserve de prévoyance.

Titres : Chamois foncé, coupons numérotés de 1 à 60, le dernier daté 1906, coupons payables au siège social.

Admission à la cote le 12 juin 1880.

ADMINISTRATEURS.

La Société n'a pas fourni de renseignements.
Il n'y a ni cours ni répartitions.

C^{IE} GÉNÉRALE DES INDUSTRIES TEXTILES

LÉON ALLART et Cie

Société en commandite par actions formée le 26 août 1882, suivant acte reçu par M^e L, Duchange, notaire à Roubaix. Statuts déposés chez Me Duchange, notaire à Roubaix.

Objet : Commerce et industrie des matières textiles partout où la Société le juge convenable.

Dénomination : Compagnie générale des Industries textiles.

Raison sociale : Léon Allart et Cie .

Siège social : à Roubaix, Grande-Rue.

Durée : trente ans pour finir le 26 août 1912.

Capital social : 8.000.000 divisé en 16.000 actions dont 8.900 actions d'apport entièrement libérées et 7.100 actions libérées de 375 émises au pair.

Intérêts et dividendes : aux époques fixées par le Conseil.

Gérance : Léon Allart, devant être propriétaire de quatre cents actions inaliénables.

Conseil de surveillance de six membres devant être propriétaire chacun de cinquante actions inaliénables.

Assemblée générale : Dans le courant du mois de mai, composée des propriétaires de vingt actions donnant droit à une voix. Maximum des voix : 20.

Année sociale : du 1er février au 31 janvier.

Répartition des bénéfices nets de toutes charges :

1° 5 % à la réserve. Ce prélèvement peut être suspendu lorsque la réserve atteint le 1/10 du fond social ;

2° 10 % à l'amortissement du matériel et de l'immeuble social. Lorsque cet amortissement aura atteint 50 % des dites valeurs il ne sera plus prélevé que 5 % ;

3° Somme suffisante pour payer l'intérêt à 5 % des sommes versées sur les actions.

Le surplus se répartit comme suit :

1° 25 °/₀ à la gérance ;

2° 75 °/₀ aux actionnaires.

Titres : vert clair, vignette noire, feuille adhérente de coupons numérotés de 1 à 30 sans date d'échéance et sans mention de dividende. Coupons payables au siège social.

Admission à la cote : le 27 septembre 1884.

COURS MOYENS.

1884.........	500	»	1888.........	» »
1885.........	» »	1889.........	605 »
1886.........	» »	1890.........	622,50
1887.........	560 »	1891.........	594 »

RÉPARTITIONS.

1883/84	libérées....	27,478	1887/88	libérées	11,10
	non libérées	14,978		non libérées	5,55
1884/85	libérées....	26,561	1888/89	libérées . ..	34,33
	non libérées	14,06		non libérées	21,83
1885/86	libérées....	11,95	1889/90	libérées	39,75
	non libérées	5,97		non libérées	33,50
1886/87	libérées....	45,10	1890/91	libérées	28,10
	non libérées	32,57		non libérées	21,85

SAINT-SAUVEUR-LEZ-ARRAS

(SOCIÉTÉ ANONYME DE MÉTALLURGIE ARTISTIQUE DE)

(Ancienne usine Grassin Baledans).

Société anonyme formée suivant acte reçu par Me Fresson, notaire à Arras, le 29 janvier 1877 ; définitivement constituée le 15 mars 1877 et modifiée par decision de l'Assemblée générale extraordinaire du 15 mars 1877.

Objet : Exploitation de l'usine de fer élégi à Arras (ancienne usine Grassin-Baledans), des brevets pris par M. Grassin et de toute branche d'industrie se rattachant au fer.

Dénomination : Société anonyme de métallurgie artistique de St-Sauveur-lez-Arras.

Siège social : à Arras (P.-de-C.).

Durée : 99 ans à partir du 15 mars 1877.

Capital : deux millions en quatre mille actions de 500 fr. libérées émises au pair.

Intérêts et dividendes : semestriels ; jusqu'à présent la Société ne paie qu'une fois par an le 1er mai.

Conseil d'administration : cinq membres au moins, sept au plus, nommés pour six ans renouvelables par sixième et devant être propriétaire chacun de vingt actions inaliénables.

Assemblée générale : Dans le courant du mois d'avril, composée des actionnaires propriétaires d'au moins cinq actions donnant droit à une voix. Maximum des voix : 10.

Année sociale : du 1er janvier au 31 décembre.

Répartition des bénéfices nets de toutes charges :

1° 5 % à la réserve statutaire jusqu'à ce qu'elle atteigne le dixième du capital social ;

2° Somme suffisante pour servir l'intérêt à 6 % aux actions.

Le surplus se répartit ainsi :

1° 15 % au Conseil d'administration ;

2° 5 °/₀ à la direction et à ses auxiliaires ;

3° Somme destinée à la création d'un fonds de prévoyance ou d'amortissement si l'Assemblée le juge nécessaire ;

4° Le restant aux actionnaires à titre de dividende.

Titres au porteur : jaune clair, vignette noire, feuille adhérente de coupons numérotés de 1 à 36 sans époque ni mention d'échéance. Coupons payables au siège social.

Admission à la cote : le 19 mai 1877.

ADMINISTRATEURS :

L. Blondel, de Mallortie, Tetin, E. Wartelle, Christian Crepin.

COURS MOYENS.

1882.........	345,06		1887.........	162,50
1883.........	301 »		1888.........	151,19
1884.........	263,75		1889.........	150,22
1885.........	198,64		1890.........	150 »
1886.........	169,20		1891.........	135 »

RÉPARTITIONS.

1882.........	25 »		1887.........	10,70
1883.........	25 »		1888.........	10,70
1884.........	10 »		1889.	10,70
1885.........	12 »		1890.........	rien
1886.........	10,70			

TREFILERIE ET POINTERIE DU NORD.

Société constituée d'abord en **Société en commandite** simple, sous la raison sociale « Ch. Delecroix et Cie » par acte du 9 octobre 1889, devant Me Dujardin, notaire à Lille; transformée en Société en **nom collectif et en commandite** par actions, et fondée le 16 avril 1891, par acte reçu chez Me Dujardin, notaire à Lille ; définitivement constituée le même jour.

Statuts chez Me Dujardin, notaire à Lille.

Objet : Trefilerie et galvanisation de fils d'acier, leur transformation à tous usages, et en général tout ce qui se rattache à l'industrie de fil de fer.

Dénomination : Trefilerie et pointerie du Nord.

Raison sociale : Delecroix, de Felice et Cie .

Siège social : Quesnoy-sur-Deûle.

Durée : vingt ans.

Capital social : 360.000 fr. en trois cent soixante actions de mille francs, en titres mixtes.

Intérêts : le 2 janvier, **dividendes** : le premier avril.

Gérance : Delecroix et de Felice. Chacun des gérants devra toujours être propriétaire de cinquante actions inaliénables.

Conseil de surveillance : de cinq membres.

Assemblée générale ordinaire le deuxième jeudi de février, composée de tous les porteurs d'une action, donnant droit à une voix, sans maximum de voix.

Année sociale : 1er janvier au 31 décembre.

Répartition des bénéfices : L'intérêt à 5 °/$_0$ des actions est considéré comme charge sociale ainsi que toutes les autres dépenses. Les bénéfices nets après ces prélèvements se répartissent comme suit :

1° 5 °/$_0$ à la réserve ordinaire jusqu'à concurrence du 1/10 du capital social ;

2° 10 %, aux obligataires à titre d'intérêts supplémentaires ;

3° 10 %, réserve supplémentaire.

Le surplus se répartit comme suit :

1° 50 %, aux actionnaires ;

2° 50 %, à la gérance.

Titres mixtes. Coupons numérotés de 1 à 20 et portant le nom du titulaire. Coupons payables au siège social.

Admission à la cote : le 2 octobre 1891.

COURS MOYEN.

1891........................ 1010   »

RÉPARTITION.

1891...................................... 33,35

OBLIGATIONS 5 %.

Emprunt de 150,000 fr. en 300 obligations de 500 fr. au porteur, autorisé par l'assemblée générale extraordinaire du 8 mai 1891, émises à 500 fr. Remboursables au pair de 500 fr., au moyen de la réserve supplémentaire, à partir de 1896. L'époque des tirages et le nombre des obligations à amortir, ainsi que l'époque du remboursement sont fixés par l'assemblée générale. Les obligations sorties cessent d'avoir droit aux intérêts, à partir du jour fixé pour le remboursement, et aux intérêts supplémentaires à dater du 31 décembre précédent.

Intérêt annuel de 25 fr., payable le 1er janvier.

Intérêt supplémentaire prélevé sur les bénéfices, payable le 1er avril.

Titres : Rose, feuille de coupons vert d'eau, comprenant les coupons d'intérêt numérotés de 1 à 20, les coupons d'intérêt supplémentaire numérotés également de 1 à 20 : les coupons payables au siège social.

Aucun de ces titres n'est amorti.

Admission à la cote le 20 novembre 1891.

COURS MOYEN :

1891.................... 507,50

UNION LINIÈRE DU NORD

(SOCIÉTÉ ANONYME AU CAPITAL DE 4.000.000).

OBLIGATIONS 5 %

Emprunt de 2.250.000 fr. en 7.500 obligations de 300 fr. autorisé par l'article 28 des statuts et l'assemblée générale du 9 mai 1879.

Une affectation hypothécaire de tous les immeubles de la Société a été consentie en faveur des obligataires, aux termes d'un acte passé le 17 juillet 1880, devant M⁰ Émile Lefebvre, notaire à Lille. M. H. Devilder, banquier à Lille, représente les obligataires.

Remboursables au pair de 300 fr. en 30 ans, à partir du 16 avril 1882. Dernier tirage avril 1911.

Tirage annuel le 16 avril, pour les titres sortis être remboursés aussitôt après.

Intérêt semestriel de 7 fr. 50 nets d'impôts : le 1ᵉʳ janvier et le 1ᵉʳ juillet.

Titres : Jaune clair, vignette noire, feuille adhérente de coupons non numérotés, portant seulement la date d'échéance. Le dernier à l'échéance du 1ᵉʳ juillet 1911.

Au dos du titre : Extrait de l'acte hypothécaire.

Titres remboursables et coupons payables au siège social, rue de Wazemmes, à Lille.

Au 2 janvier 1892, 1.050 de ces titres étaient amortis.

Admission à la cote le 15 novembre 1880.

COURS MOYENS :

1882	270 »	1887	» »
1883	252,355	1888	210 »
1884	238,75	1889	250 »
1885	249,736	1890	2213,75
1886	» »	1891	179,964

VERRERIES ET MANUFACTURE DE GLACES D'ANICHE.

Société anonyme fondée le 14 mai 1868, par acte passé devant Me Mabille, notaire à Valenciennes. Statuts déposés chez Me Mabille, à Valenciennes.

Objet : Fabrication du verre, des glaces, des produits chimiques et opérations s'y rattachant.

Dénomination : Verreries et manufacture de glaces d'Aniche.

Siège social : A Aniche (Nord).

Durée : 99 ans à partir du 1er juin 1868.

Capital social : 4.100.000 fr. en 8.200 actions de 500 fr. libérées et nominatives.

Intérêts et **dividendes** : Février et août.

Conseil d'administration de six membres et huit au maximum ; nommés pour six ans, renouvelables à raison de un pour les quatre premières années, deux les deux dernières s'il y a huit administrateurs ; devant être propriétaires chacun de cent actions inaliénables pendant la durée des fonctions.

Assemblée générale : Le premier mardi de juillet, comprenant les propriétaires d'au moins vingt actions donnant droit à une voix. Maximum des voix : dix.

Année sociale : Du 1er avril au 31 mars suivant.

Répartition des bénéfices : Sur le bénéfice net annuel il est prélevé :

1" 1 % sur les valeurs mobilières figurant à l'inventaire pour former un fonds d'amortissement jusqu'à 500.000 fr. ;

2" 10 % pour la réserve jusqu'à concurrence de 1.000.000.

Le surplus se répartit comme suit :

1° 5 % au conseil d'administration ;

2° 95 % aux actionnaires.

Titres nominatifs libérés de 500 fr.
Admission à la cote le 30 juillet 1890.

ADMINISTRATEURS :

Adr. Drion , L. Lefrançois , E. d'Hennin , C. Scheyven ,
M. Braconier, Fréd. Drion.

COURS MOYENS :

1890 ...... Pas coté. | 1891 ...... Pas coté.

RÉPARTITIONS :

1889-90 ...... 28,75 | 1890-91 50

Fonds d'amortissement : 500.000 fr.
Reserve statutaire : 399.589fr.,29.

CHAPITRE V.

——

USINES MÉTALLURGIQUES.

ACIÉRIES DE FRANCE
(SOCIÉTÉ ANONYME DES)

Société anonyme, formée suivant acte reçu par M⁰ Mégret, notaire à Paris, le 9 juillet 1881 ; définitivement constituée le 19 juillet 1881; modifiée par décision des assemblées générales du 2 décembre 1882, 16 janvier 1883 et 25 avril 1891.

Objet : Fabrication, commerce et utilisation des métaux.

Exploitation et extraction de tous minerais.

Fabrication et commerce de coke, chaux et produits réfractaires.

Dénomination : Société anonyme des aciéries de France.

Siège social : Paris, 29, quai de Grenelle, avec établissements à Aubin (Aveyron), Isbergues (Pas-de-Calais), Grenelle (Paris).

Durée : 99 ans, du 19 juillet 1881 au 19 juillet 1980.

Capital social : d'abord de 8.000.000 en 16.000 actions de 500 fr. libérées, il a été porté à 10.000.000 par la création de 4.000 actions de 500 fr.; au total 20.000 actions de 500 libérées au porteur. Il existe aussi 800 parts de fondateur, divisées depuis en vingtièmes de parts.

Intérêts et dividendes : aux époques fixées par le Conseil.

Conseil d'administration de 3 à 7 membres, devant être propriétaires chacun de cent actions inaliénables.

Assemblée générale entre le 1ᵉʳ juillet et le 31 décembre, comprenant les propriétaires de dix actions donnant droit à une voix sans maximum.

Année sociale : 1ᵉʳ juillet au 30 juin.

Répartition des bénéfices : après déduction de 5 $^0/_0$ pour amortissement du matériel et 2 $^0/_0$ pour amortissement des immeubles, il est prélevé :

1° 5 $^0/_0$ pour la réserve légale dont le maximum est le dixième du capital social ;

2° Somme nécessaire pour payer l'intérêt à 5 °/₀ aux actions.

Le surplus est attribué :

1° 20 °/₀ aux parts de fondateur ;

2° 10 °/₀ aux administrateurs ;

3° 70 °/₀ aux actionnaires, mais l'Assemblée générale peut prélever sur ce solde un tantième pour constituer une réserve spéciale.

Titres : les titres numérotés de 1 à 16.000 ont une teinte bleuâtre, ils doivent porter l'estampille rouge relatant l'augmentation du capital social. Les titres numérotés de 16.001 à 20.000 ont une teinte paille sur fond blanc. Feuille adhérente de coupons numérotés sans date d'échéance, le dernier porte le N° 28.

Le paiement des coupons se fait au siège social.

Il existe 8.000 obligations de 500 fr., 4 °/₀ non cotées et autorisées par l'Assemblée générale du 31 juillet 1882.

Admission à la cote le 21 avril 1886.

ADMINISTRATEURS :

Baron de Soubeyran, baron L. de Dorlodot, L. Laporte, P. Gillibert, E. Clerc, Dujardin-Beaumetz.

COURS MOYENS.

1886........	Pas coté	1889........	Pas coté
1887........	Pas coté	1890........	Pas coté
1888........	Pas coté	1891........	Pas coté

RÉPARTITIONS.

1885/86......	25 »	1888/89......	50,68
1886/87......	25 »	1889/90......	75,36
1887/88......	35 »	1890/91......	69,04

BIACHE SAINT-WAAST

(FONDERIES ET LAMINOIRS DE)

Société en nom collectif et en commandite par actions, fondée en 1860 sous la raison sociale Œschger, Mesdach et Cie.

Modifiée depuis sous la raison sociale Œschger, Ghesquière-Diérikx.

Objet : exploitation des usines métallurgiques, établies à Biache-St-Waast (Pas-de-Calais), (cuivre, plomb, étain, zinc, etc.) et des usines que la Société jugera nécessaire d'établir.

Dénomination : fonderies et laminoirs de Biache-St-Waast.

Raison sociale : Eschger, Ghesquière et Cie.

Siège social à Paris, 28, rue St-Paul.

Durée : 45 ans, jusqu'au 1er janvier 1905.

Capital social : 2.000.000 divisé en 2.000 actions et 1.000 complètement libérées au porteur.

Intérêts le 1er janvier.

Dividendes le 1er juillet.

Gérance : MM. Eschger et Ghesquière-Dierickx, devant être propriétaires chacun de cent actions inaliénables.

Conseil de surveillance de cinq membres.

Assemblée générale en avril, composée des propriétaires de dix actions donnant droit à une voix. Maximum des voix : dix.

Année sociale : du 1er janvier au 31 décembre.

Répartition des bénéfices :

1° A la réserve ;

2° Somme nécessaire pour payer l'intérêt 4 % aux actions.

Admission à la cote le 20 juillet 1874.
Réserve statutaire, 2.000.000.
Réserve des actionnaires, 2.100.000.
Réserve des gérants, 1.400.000.

COURS MOYENS.

1882	3100 »		1887	3201,25
1883	Pas		1888	3400 »
1884	Pas		1889	3445 »
1885	3233,75		1890	3600 »
1886	3188,75		1891	3600 »

RÉPARTITIONS.

1882........	160 »		1887.........	160 »
1883........	160 »		1888.........	160 »
1884........	160 »		1889.........	160 »
1885........	160 »		1890.........	160 »
1886.... ...	160 »		1891....	160 »

HAUTS FOURNEAUX, FORGES ET ACIÉRIES
DE DENAIN ET ANZIN.

Société anonyme, constituée suivant acte reçu par M⁰ Dufour, notaire à Paris, le 11 mars 1849 ; autorisée par arrêté présidentiel du 6 avril 1849. Transformée en société anonyme libre, par décret du 16 novembre 1870, actuellement régie par les statuts reçus par Mᶜ Dufour, notaire à Paris, le 31 janvier 1872 ; modifiée par l'Assemblée générale extraordinaire du 31 janvier 1888.

Statuts déposés chez Mʳ Dufour, notaire à Paris.

Objet : Exploitation des forges et aciéries de Denain, des forges et aciéries d'Anzin, depuis l'extraction du minerai jusqu'à la vente des produits finis.

Dénomination : Société anonyme des hauts-fourneaux, forges et aciéries de Denain et Anzin.

Siège social : à Paris, rue Mogador prolongée, N° 4.

Durée : 99 ans à partir du 6 avril 1849, pour finir le 6 avril 1948.

Capital social : 10.000.000 en 20.000 actions de 500 fr. libérées et au porteur.

Intérêts et dividendes : à l'époque fixée par l'Assemblée générale.

Conseil d'administration de dix membres nommés pour cinq ans, renouvelables par cinquième et devant être propriétaires chacun de cent actions inaliénables.

Le directeur doit être propriétaire d'un certain nombre d'actions inaliénables fixé par le Conseil. Il assiste au Conseil avec voix consultative.

Assemblée générale : au plus tard dans le courant du mois de mai, composée de tous les propriétaires de vingt actions donnant droit à une voix. Maximum des voix : 20.

Année sociale : du 1ᵉʳ janvier au 31 décembre.

Répartition des bénéfices après amortissement sur le matériel de 3 %, au moins de la valeur pour laquelle il figure à l'inventaire précédent , les bénéfices nets ainsi établis sont répartis :

1° 5 %, à la réserve légale. Maximum 10 %, du capital ;

2° Retenues jugées convenables par l'Assemblée générale, pour constituer une réserve extraordinaire.

Le surplus se répartit entre toutes les actions.

Dividendes payables à Paris, au siège social et aux caisses indiquées par la Société.

Titres : vert d'eau, les figurines de la vignette noires ; coupons numérotés de 14 à 73, sans dates.

Admission à la cote : 1ᵉʳ juillet 1861.

ADMINISTRATEURS :

Baron de Nervo , Ed. Naud, L. Talabot, André Bernard, P. Lauras, baron Piscatory de Vaufreland, S. Jordan, Dejardin-Verkinder, Gust. Kolb Bernard.

Réserve statutaire, 342.067,37.

COURS MOYENS.

1882	413,42	1887	203,50
1883	440,493	1888	225 »
1884	379 »	1889	302,50
1885	259,265	1890	352,94
1886	228,59	1891	246,32

RÉPARTITIONS.

1882	31 »	1887	10 »
1883	26,25	1888	10 »
1884	» »	1889	10 »
1885	10,50	1890	» »
1886	10,50	1891	» »

OBLIGATIONS 5 %.

Emprunt de 5.000.000 en 10.000 obligations de 500 fr., autorisé par l'Assemblée générale du 15 novembre 1888 ; émises à 500 fr., à différentes époques. Remboursables au pair, de 500 fr. en 33 ans, à partir du 31 décembre 1889. Dernier tirage 1920.

Tirage annuel à l'époque fixée par l'Assemblée générale.

Remboursement, le 31 décembre qui suit le tirage.

Intérêts semestriels de 12 fr. 50, les 30 juin et 31 décembre.

Titres : gris clair, vignette plus foncée. Feuille adhérente de coupons numérotés de 1 à 64, le dernier à l'échéance du 31 décembre 1920. Payables à Paris, au siège social et aux caisses désignées par la Société.

Le 2 janvier 1892, 545 de ces titres étaient amortis.

La Société se réserve le droit de rembourser les obligations par anticipation.

Admission à la cote, le 16 juillet 1889.

COURS MOYENS.

1889	504,30
1890..............	504,73
1891..............	503,461

MINES DE MEURTHE-ET-MOSELLE ET USINES DE VILLERUPT.

Société anonyme formée par acte sous seing privé, le 25 juillet 1882; définitivement constituée le 4 septembre 1882 par acte de M° Person, notaire à Longwy; modifiée les 17 septembre 1883, 16 septembre 1889 et 20 octobre 1890, actes reçus par M° Person, notaire à Longwy.

Statuts déposés chez M° Person, notaire à Longwy.

Objet : Extraction de minerais de fer et du calcaire, fabrication du coke, de la fonte, des objets moulés et en général tous objets en fonte, fer, acier.

Dénomination : Mines de Meurthe-et-Moselle et Usines de Villerupt.

Siège social, à Villerupt (Meurthe-et-Moselle.)

Durée, 30 ans.

Capital social : d'abord de 1.400.000 fr. en 2.800 actions de 500 fr. au porteur, porté à 2.500.000 par la création de 2.200 actions nouvelles autorisée par l'Assemblée générale du 17 septembre 1883.

Intérêts et **Dividendes** aux époques fixées par le Conseil.

Conseil d'administration de sept membres nommés pour cinq ans, renouvelables par cinquième chaque année et devant être chacun propriétaires de cinquante actions inaliénables.

Assemblée génŕalée, le 3° lundi d'octobre. Elle comprend les propriétaires d'au moins dix actions donnant droit à une voix. Maximum de voix : 25.

Année sociale, du 1er juillet au 30 juin.

Répartition des bénéfices nets de toutes charges :

1° 5 % à la réserve statutaire.

2° 5 % à la réserve de prévoyance.

3° Somme suffisante pour payer l'intérêt à 5 % aux actions.

Le surplus est partagé ainsi :

1° 10 % Conseil d'administration ;

2° 3 % aux employés ;

3° 87 % aux actionnaires, comme dividende.

Titres : Rose pâle, coupons numérotés de 1 à 30, sans dates.

Admission à la cote, le 28 mars 1890.

ADMINISTRATEURS .

J. Ponsart, P. Regnault, L. Regnault, Lebast, Piérard, J.-B. Menart, Franc. Roland.

COURS MOYENS.

1890...... 450 » | 1891........ pas coté.

RÉPARTITIONS :

1889/90....... 24,25
1890/91 24,25

OBLIGATIONS 5 %.

Emprunt de 1.250.000 francs en 2.500 obligations hypothécaires , autorisé par l'Assemblée générale extraordinaire du 15 mars 1890, émises le 1ᵉʳ juillet 1890 à 500 f. Remboursables au pair de 500 fr. en vingt ans, à partir du 1ᵉʳ juillet 1893. Dernier tirage, octobre 1911.

Tirage annuel le troisième lundi d'octobre.

Remboursement à partir du 1ᵉʳ juillet qui suivra le tirage.

Intérêts semestriels, de 12 fr. 50 nets d'impôt les 30 décembre et 30 juin.

L'inscription hypothécaire en faveur de ces obligations a été prise, le 12 juin 1890, à Briey.

Titres : Gris clair, vignette plus foncée. Coupons numérotés de 1 à 44, le dernier au 30 juin 1912.

Aucun de ces titres n'est encore amorti.

Admission à la cote, le 24 avril 1891.

COURS.

1891........ Pas coté.

CHAPITRE VI.

MINES DE HOUILLE.

MINES D'ALBI.

Société anonyme formée le 23 décembre 1889 et constituée définitivement le 6 février 1890, suivant acte passé par M⁰ Bertrand, notaire à Paris.

Statuts déposés chez M⁰ Bertrand, notaire à Paris.

Objet : Exploitation de mines de houille, notamment dans le périmètre de la concession d'Albi.

Dénomination : Société des mines d'Albi.

Siège social : à Paris, 31, rue Desbordes-Valmors.

Durée : 99 ans à partir de la constitution définitive.

Capital social : 3.000.000 en 6.000 actions de 500 fr.

Intérêts et dividendes : aux époques fixées par le Conseil.

Conseil d'administration : cinq membres au plus, nommés pour cinq ans, renouvelables intégralement au bout des cinq premières années à dater de la constitution de la Société ; puis ensuite, renouvelables par cinquième, devant être propriétaires chacun de trente actions inaliénables.

Assemblée générale : dans le courant de mai, comprenant les propriétaires d'au moins dix actions, donnant droit à une voix. Maximum des voix : quarante ; sauf dans le cas où l'Assemblée aura à décider la liquidation, auquel cas chaque action donne droit à une voix.

Année sociale : 1ᵉʳ janvier au 31 décembre.

Répartition des bénéfices nets de toutes charges :

1° 5 %₀ réserve légale ;

2° les sommes nécessaires à la réserve extraordinaire votée par l'Assemblée ;

3° la somme nécessaire pour servir 5 %₀ d'intérêt sur les sommes versées sur les actions.

L'excédant se répartit :

1° 15 %₀ au Conseil ;

2° 60 °/₀ aux actionnaires ;

3° 25 °/₀ aux parts de fondateur.

Titres nominatifs libérés actuellement de **375 fr.** Les deux mille actions d'apport sont entièrement libérées et nominatives.

Admission à la cote : le 24 avril 1891.

ADMINISTRATEURS :

H. Marmottan, Paul Schneider, Gustave Petitjean, Ch. Fouache d'Halloy.

COURS MOYEN.

1891............... .   600   »

Il n'a pas été fait de répartition à ce jour.

COMPAGNIE DES MINES D'ANICHE.

Société civile constituée le 11 novembre 1773, concédée pour 30 ans par arrêt du 10 mars 1774, prorogée, puis soumise à la loi du 21 avril 1810.

Objet : Exploitation de mines de houille sur 11.850 hectares situés entre Somain et Douai.

Dénomination : Compagnie des mines d'Aniche.

Siège social : à Aniche (Nord).

Durée perpétuelle.

Capital social : Divisé à l'origine en vingt-cinq sols ou 300 deniers, il fut divisé en 1852 en 1/12 de deniers, soit les 3.600 parts actuelles, sur lesquelles il n'en existe en circulation que 3.112 parts par suite de retrait. 360 de ces parts ou douzièmes de deniers sont dites « ne faisant pas fonds » : ce sont les 2 sols et 6 deniers d'apport qui, lors de la constitution de la Société, furent exemptés à tout jamais d'appels de fonds.

Intérêts et dividendes : Payables par mandats mensuels pour les porteurs de trois douzièmes ou multiples de trois, trimestriels pour les porteurs de moins de trois douzièmes.

Conseil d'administration : Composé de huit membres associés, les délibérations ne peuvent être prises que si cinq membres au moins sont présents.

Les administrateurs, se recrutent eux-mêmes.

Il n'y a pas d'Assemblées générales ; les intéressés ont droit d'inspection des comptes au Siège social.

Année sociale : 1er janvier au 31 décembre.

Retrait : La Compagnie peut exercer le droit de retrait.

Titres : Il n'existe pas de titres. La Compagnie adresse une lettre indiquant les droits à la part sociale.

Puits : huit fosses en exploitation.

Admission à la cote : le 1er juillet 1861.

ADMINISTRATEURS :

Vuillemin, Minangoy, E. Dejardin, de Sassevolle, P. Lallier,
A. Bernard, H. Bonnel.
Ingénieur-Directeur : Vuillemin.

COURS MOYENSS.

1882 ...... 10.050	1887......	8.125	»
1883 ...... 10.100	1888......	9.080	»
1884 ...... 10.300	1889......	10.800	»
1885 ...... 8.120	1890......	15.742	10
1886 ...... 8.100	1891......	16.800	»

RÉPARTITIONS.

1882 480	1887...... 450
1883 480	1888...... 450
1884 480	1889...... 550
1885 400	1890...... 925
1886 400	1891...... 1.000

COMPAGNIE DES MINES D'ANZIN.

Société civile constituée le 19 novembre 1757 ; formée à l'origine en 1716, par M. Desaubois, à lui concédée pour 15 ans, par arrêt du 8 mai 1717. Le 21 juillet 1721 M. Desaubois rétrocéda la concession à MM. Desandrouin et Taffin, qui lui furent subrogés par arrêt du 22 février 1722, et qui furent obligés pour n'avoir pas à lutter contre les seigneurs hauts justiciers de fusionner avec eux, le 19 novembre 1757. Toutes ces concessions expiraient en 1760 elles furent prorogées de 40 ans puis de 30 ans, enfin soumises à la loi du 21 avril 1810. La Compagnie est en outre concessionnaire jusqu'en 1950 d'un chemin de fer de 37 kilomètres relié à ses fosses.

Objet : Exploitation de mines de houille sur 28.054 hectares situés de Somain à la frontière Belge.

Dénomination : Compagnie des mines d'Anzin.

Siège social : à Anzin (Nord).

Durée : perpétuelle.

Capital social : Divisé en vingt-quatre sols, ou 288 deniers et depuis 1875 en 28.800 centièmes de denier.

Intérêts et dividendes : Payables par mandats semestriels, envoyés fin novembre pour les bénéfices du 1er semestre, fin mai pour ceux du second semestre et payables un mois après.

Conseil de régie : composé de six associés, outre les héritiers du prince de Croy et du marquis de Cernay ; se recrutant eux-mêmes sans l'intervention des associés.

Il n'y a pas d'Assemblée générale, les intéressés peuvent prendre connaissance de l'arrêté des recettes et des dépenses qui leur est, du reste, envoyé chaque année.

Année sociale : du 1er janvier au 31 décembre.

Retrait : La Compagnie se réserve le droit de prendre par préférence et à égalité de prix toute part d'intérêt cédée à un tiers.

Elle doit faire la répartition de la part retirée au prorata des intérêts de chacun. Trois répartitions ont été ainsi faites en 1821 1/11, en 1837 1/23, en 1872 75/100ᵉ au total par denier $\frac{52.975}{253.000}$.

Titres : Il n'existe pas de titres. La Compagnie adresse une lettre au cessionnaire lui annonçant que la Compagnie n'a pas exercé le droit de retrait.

Puits : 18 fosses en exploitation.

Admission à la cote : le 2 juin 1875.

MEMBRES DU CONSEIL DE REGIE :

Duc d'Audiffret-Pasquier, baron de Lagrange, baron de Chabaud la Tour, Casimir Périer, de Blignières, Cuvinot.
Régisseurs-Adjoints : Sabatier, Prince d'Aremberg, Ch. Seydoux.
Directeur-général : H. Guary.

COURS MOYENS.

1882........	3.272,50	1887........	2.295 »
1883........	2.622,50	1888........	2.485 »
1884........	2.107,50	1889........	3.535 »
1885........	2.007,50	1890........	4.960 »
1886........	1.896,25	1891........	5.060 »

RÉPARTITIONS.

1882........	100 »	1887........	100 »
1883........	100 »	1888........	115 »
1884........	50 »	1889........	140 »
1885........	65 »	1890........	230 »
1886........	85 »	1891 à-compte	120 »

MINES DE HOUILLE DE BLANZY.

Société en commandite fondée par acte passé devant Me Lehon, notaire à Paris, le 12 juillet 1838; modifiée les 10 et 14 février 1840, par délibération de l'assemblée générale, suivant acte du 26 juin 1840 déposé chez Me Masson, notaire à Châlons-sur-Saône; puis les 8 novembre 1841, 7 novembre 1843, 20 janvier 1850, actes déposés chez Me Masson et Defranc , son successeur, ensuite les 19 février 1853, 23 janvier-11 juillet 1855, 31 janvier 1856, 11 janvier 1868, actes déposés chez Me Roquebert, notaire à Paris, en date des 1er mars 1853, 3 février-17 juillet 1855, 7 février 1856, 20 janvier 1868, enfin par une délibération de l'assemblée générale des actionnaires du 20 janvier 1867.

Objet : Exploitation des mines de houille, fabrication du coke, vente de charbons étrangers. Transports de ces produits et remorque sur la Saône.

Dénomination : Mines de houille de Blanzy.

Raison sociale : Jules Chagot et Cie.

Siège social : Paris, 69, boulevard Haussmann.

Durée : 82 ans, du 1er août 1838 au 31 juillet 1920.

Capital social : 15.000.000 en 30.000 actions de 500 fr. libérées.

Intérêts et **dividendes** : Les 1er février et 1er août.

Gérant : Jules Chagot.

Le gérant devra toujours être propriétaire de quatre cents actions inaliénables.

Conseil de surveillance composé de douze membres renouvelables tous les trois ans par tiers. Les membres de ce conseil doivent posséder au moins 50 actions déposées dans la caisse sociale.

Assemblée générale ordinaire en novembre, composée des propriétaires d'au moins vingt actions donnant droit à une voix. Maximum de voix : 15.

Année sociale : 1er août au 31 juillet.

Répartition des bénéfices après prélèvement des charges dans lesquelles sont compris la dotation annuelle de 25.000 fr. du fonds de réserve et le produit des centimes dont l'extraction est frappée pour le même fonds.

1° 5 % au gérant ;

2° Un million aux actionnaires.

Sur le solde il est prélevé :

6 % pour le gérant ;

750.000 intérêt à 5 % aux actionnaires.

Le surplus forme le dividende après déduction de la somme attribuée au fonds de réserve.

Titres : Rose, coupons numérotés de 1 à 40, le dernier au 1er avril 1902. Coupons payables au siège social.

Admission à la cote le 16 avril 1883.

COURS MOYENS.

1883	1.468,75	1888	1.290 »
1884	1.502.336	1889	1.331,27
1885	1.451,072	1890	1.577,30
1886	1.277.778	1891	1.727 »
1887	1.297,77		

Caisse de réserve : 797.494,23.

RÉPARTITIONS.

1883/84	80 »	1887/88	70 »
1884/85	80 »	1888/89	70 »
1885/86	80 »	1889/90	75 »
1886/87	70 »	1890/91	80 »

OBLIGATIONS BLANZY 1876.

Emprunt de 6.000.000 en 12.000 obligations de 500 fr., autorisé par l'assemblée générale extraordinaire du 8 janvier 1876, émises à 500 fr.

Remboursables au pair de 500 fr. en 40 ans, à partir du 1er février 1880.

Dernier tirage en 1920.

Tirage à l'assemblée générale de novembre pour les titres sortis être remboursables le 1er février, 14 mois après le tirage.

Intérêts semestriels de 15 fr. le 1er février et le 1er août.

Titres : Gris. Les coupons numérotés de 1 à 86, le dernier au 1er août 1919. Le tableau d'amortissement ne figure pas sur les titres. Remboursements et payement des coupons au siège social.

Au 2 janvier 1892, 1,463 de ces titres étaient amortis.

Admission à la cote le 16 avril 1883.

COURS MOYEN.

1883........	Pas coté		1888........	510 »
1884........	Pas coté		1889........	Pas coté
1885........	Pas coté		1890........	Pas coté
1886........	520 »		1891........	520 »
1887........	525 »			

COMPAGNIE DES MINES DE BRUAY.

Société civile constituée le 21 mai 1852, par devant M⁰ Bollet, notaire à Arras ; provenant de la cession, à la Société Leconte et Lalou, des recherches faites en 1850 par MM. Boitelle. Cette cession fut rétrocédée moyennant 400 actions à la Compagnie de Béthune, qui constitua la Société de Bruay, au capital de 3.000 actions. Ces actions furent rétrocédées ensuite à la Société Leconte. Statuts enregistrés le 25 mai 1852. Concession accordée par décrets de 1852-1855-1884.

Objet : Exploitation des mines de houille sur 4,901 hectares situés entre Nœux et Marles.

Dénomination : Compagnie des mines de Bruay.

Siège social : A Arras.

Durée : Perpétuelle.

Capital social : 3.000.000, divisé en 3.000 actions de mille francs, libérées définitivement à 400 fr. en 1857.

Intérêts et **dividendes** : Trimestriels, les 15 février, 15 mai, 15 août, 15 novembre.

Conseil d'administration de cinq membres, devant être chacun propriétaires d'au moins cinq actions inaliénables, nommés à vie et se recrutant eux-mêmes.

Assemblées générales : Elles ont lieu chaque fois que le conseil d'administration juge convenable de les convoquer. Elles se composent de tous les propriétaires d'au moins cinq actions donnant droit à une voix. Maximum de voix : cinq.

Année sociale : Du 1ᵉʳ juillet au 30 juin.

Retrait : La Compagnie n'a pas la faculté d'exercer le retrait.

Répartition des bénéfices. La réserve statutaire de 300.000 fr. étant actuellement complète, aucun prélèvement n'est fait pour ce compte. Le conseil affecte une certaine somme pour les mesures de prévoyance et travaux neufs. Le surplus est distribué aux actionnaires.

Titres : Gris clair, vignette bleue, portant la mention « Action nominale de mille francs libérée de quatre cents francs suivant délibération du 1er décembre 1852 ». Coupons numérotés ; le dernier porte le N° 64. Les mutations des titres se font au verso du titre par la mention : Transférée à Mr N........., ou transférée au porteur.

Coupons payables au siège social et à Lille à la Banque du Nord et du Pas-de-Calais et dans ses succursales.

Puits : 5 fosses en exploitation.

Admission à la cote le 1er juillet 1861.

ADMINISTRATEURS :

Dr Marmottan, A. Dincq, E. Le Gentil, d'Halloy, Gougis.

COURS MOYENS.

1882......	8.260,30	1887......	9.030,80
1883......	7.830,66	1888......	11.522,38
1884......	7.714,51	1889.....	12.923,88
1885......	7.408,833	1890......	14.100,368
1886......	8.222,21	1891......	13.219,525

RÉPARTITIONS.

1881/82	250	»	1886/87	430	»
1882/83	300	»	1887/88	500	»
1883/84	300	»	1888/89	500	»
1884/85	360	»	1889/90	500	»
1885/86	400	»	1890/91	800	»

Réserve statutaire : 300.000 fr.
Réserve de prévoyance : 2.522.212,46.
Réserve de travaux neufs, etc. : 1.000.000.

MINES DE BÉTHUNE
(DITES BULLY-GRENAY).

Société civile formée le 1ᵉʳ octobre 1850, constituée le 25 septembre 1851 par acte devant Mᵉ Labrunière, notaire à Cambrai ; (Concession accordée par décret du 16 janvier 1853), modifiée par délibérations des Assemblées générales du 10 août 1857, 19 octobre 1863, 12 décembre 1865 et 25 mars 1889.

Objet : Exploitation des mines de houille sur 6.352 hectares entre Lens et Nœux.

Dénomination : Compagnie de Béthune.

Siège social, à Paris, 9, rue des Capucines.

Durée : perpétuelle.

Capital social : 3.000.000 Divisé d'abord en 3.000 actions de 1.000 fr. il a été partagé ensuite à raison de six parts par actions, par décision de l'Assemblée générale du 19 octobre 1863, en 18.000 parts donnant droit à 1/18000 de l'actif social : 17.000 parts seulement ont été émises, 1.000 sont à la souche.

Intérêts et **Dividendes semestriels**, les 15 novembre et 15 mai.

Conseil d'administration, de 7 membres nommés pour sept ans (sauf les 5 membres anciens du Conseil nommés à vie) et devant être propriétaires chacun de trente parts inaliénables.

Assemblée générale : le 3ᵉ lundi d'octobre, composée de tous les propriétaires de trente parts donnant droit à une voix. Maximum de voix : dix.

Année sociale, 1ᵉʳ juillet au 30 juin.

Retrait : La Compagnie n'a pas la faculté d'exercer le retrait.

Répartition des bénéfices nets de toutes charges.

5 % pour la réserve statutaire jusqu'au maximum de 1.800.000 fr.

Le surplus des bénéfices aux actionnaires.

Titres : Vert clair, vignette noire. Ils portent la mention « Part d'intérêt valant 1/18000 de la concession. Feuille de coupons rapportée, le dernier porte le N° 80 au 15 mai 1904. Coupons payables aux caisses suivantes : Verley, Decroix et C⁰, H. Devilder et C⁰, Scalbert, Crédit du Nord, à Lille et dans leurs succursales ; à Paris, 2, place de l'Opéra.

Puits : 6 en exploitation.

Admission à la cote, le 1ᵉʳ juillet 1861.

ADMINISTRATEURS :

De Marcère, Degouy, J. Plichon, S. Boitelle, Pagès, Mathieu, Ch. Petit.

Ingénieur-Directeur : Dumont.

COURS MOYENS.

1882	1.601,08	1887	1.342,037
1883	1.441,427	1888	1.296,588
1884	1.341.081	1889	1.453,578
1885	1.314,794	1890	2.727.36
1886	1.310,44	1891	3.247,581

RÉPARTITIONS.

1881/82	55 »	1886/87	60 »
1882/83	60 »	1887/88	50 »
1883/84	75 »	1888/89	50 »
1884/85	75 »	1889/90	80 »
1885/86	75 »	1890/91	125 »

OBLIGATIONS BÉTHUNE 1877.

Emprunt de 5.000.000 en 10.000 obligations de 500 fr., autorisé par l'Assemblée générale extraordinaire du 11 juin 1877, émises à 280 francs. Remboursables au pair de 500 francs en 67 ans. Dernier tirage, avril 1941.

Tirage en avril de chaque année au jour fixé par le Conseil d'administration. Remboursement des titres sortis, à partir du 30 avril aux caisses de la Compagnie.

Intérêts semestriels : de 7 fr. 50 le 15 avril, et 7 fr. 50 le 15 octobre.

Titres : Rose, vignette rose plus foncé. Le dernier coupon porte le Nᵒ 40 à l'échéance du 15 avril 1897. Au verso tableau d'amortissement. Le paiement et les remboursements s'effectuent aux mêmes caisses que pour les actions.

Le 2 janvier 1892. 702 de ces titres étaient amortis.

Admission à la cote, le 27 juin 1877.

COURS MOYEN.

1882	358,51	1887	390,012
1883	353,924	1888	390,047
1884	352,177	1889	398,62
1885	364,719	1890	422,78
1886	367,526	1891	439,789

COMPAGNIE DES MINES DE CAMPAGNAC.
(CONCESSIONS DE LAVERGNE ET DU MAZEL RÉUNIES).

Société civile constituée par statuts dressés par Mᵉ Planchat, notaire à Paris, les 23 et 30 septembre 1862.

Objet : Exploitation de mines de houille sur les concessions d'Aubin et de Cransac (concession Lavergne, du 28 février 1831) et dans celle de Firmy et de Cransac (concession de Mazel, du 24 mai 1859).

Dénomination : Compagnie des mines de Campagna (concession de Lavergne et de Mazel réunis).

Siège social : Paris, 11, boulevard St-Martin.

Durée : perpétuelle.

Capital social, 4.500.000 fr. en 4.500 parts de 1.000 fr. dont 3.500 sont émises, 1.000 restent à émettre.

Intérêts et **Dividendes**, aux époques fixées par l'Assemblée générale.

Conseil d'administration : 9 membres nommés pour 9 ans, devant être propriétaires chacun de cent actions inaliénables.

Assemblée générale : le 30 mai, composée des porteurs de dix actions donnant droit à une voix. Sans maximum de voix.

Année sociale, 1ᵉʳ janvier au 31 décembre.

Répartition des bénéfices nets de toutes charges :

1° Somme nécessaire pour payer l'intérêt à 5 % aux actionnaires ;

2° Retenue destinée à constituer un fonds de réserve qui peut être employé à amortir les actions par tirage au sort ;

3° Le surplus est attribué comme dividende aux actions.

Titres : Gris bleuâtre, vignette noire, numéros du titre écrits à la main. Feuille de coupons ne contenant plus que les coupons de 13 à 15. Le coupon Nᵒ 12 a été payé le 1ᵉʳ octobre 1888.

Il existe des obligations 5 %, non cotées.

Paiement des Intérêts et **Dividendes** : à Paris, 11, boulevard St-Martin, à Lille, chez Verley, Decroix et Cᶜ.

Puits : trois fosses en exploitation.

Admission à la cote, le 20 juillet 1874.

ADMINISTRATEURS :

Baron Decazes, Scrive-Wallaert, A. Cazeneuve, Vᵗᵉ Decazes Boselli, Ch. Fère.

Directeur-Ingénieur : Siebel.

COURS MOYENS.

1882.......	352,91	1887.......	472,50
1883.......	332,678	1888.......	287,14
1884.......	416,75	1889.......	250,625
1885.......	Pas coté	1890.......	432,38
1886.......	519,16	1891.......	423,185

Réserve statutaire : 102.252,50

RÉPARTITIONS :

1882.........	15 »	1887.........	20 »
1883.........	15,50	1888.........	20 »
1884.........	25,75	1889........	Rien
1885.........	35 »	1890.........	Rien
1886.........	30,90	1891.........	Rien

MINES DE CARVIN.

Société anonyme, constituée à l'origine en Société civile suivant acte reçu par Mᵉ Calonne, notaire à Béthune, le 29 juillet 1875, et succédant à la Société de la Basséenne, formée le 23 mars 1857. (Concession accordée par décret du 19 décembre 1860). Modifiée par acte sous seings privés, le 15 juillet 1867, la Société houillère de Carvin fut transformée en Société anonyme par décision de l'Assemblée générale extraordinaire du 6 juillet 1884, modifiée les 5 juin 1887 et 26 mai 1889.

Objet : Exploitation de mines de houille sur 1.150 hectares situés entre Meurchin, Courrières et Ostricourt.

Dénomination : Société anonyme des Mines de Carvin.

Siége social : à Lille.

Durée indéterminée.

Capital social : Il était à l'origine de 4.000.000 en 8.000 actions de 500 fr., actuellement réduit à 1.972.500 f. en 3.945 actions de 500 fr. au porteur, libérées.

Intérêts et **Dividendes**, aux époques fixées par le Conseil.

Conseil d'administration : de sept membres, élus pour six ans, renouvelables par sixième, devant être propriétaires chacun de vingt actions inaliénables.

Assemblée générale, dans les quatre mois qui suivent la clôture de l'exercice ; composée de tous les propriétaires d'au moins dix actions donnant droit à une voix. Maximum de voix : 5.

Année sociale, du 1ᵉʳ mars au 28 février.

Répartition des bénéfices nets de toutes charges. Il est prélevé 5 %ₒ pour la constitution de la réserve, jusqu'au maximum de 1/10 du capital social. Elle est actuellement complète à 197.250 fr. Il est, en outre, constitué une réserve de prévoyance facultative. Le surplus est réparti aux actionnaires à titre de dividende.

Titres : Jaune, feuille de coupons adhérente ; le dernier coupon porte le N° 72 et la mention soixante-douzième dividende. Coupons payables à Lille, au Crédit du Nord et dans ses succursales.

Puits : Trois fosses en exploitation.

Admission à la cote, le 1ᵉʳ juillet 1861.

ADMINISTRATEURS :

Delsol, Beele, H. Pérus, V. Delattre, Aug. Testelin, J. Lecocq, Prouvost-Delescluse.

COURS MOYENS.

1882	1235,23	1887	1186,58
1883	1232,121	1888	1125,83
1884	1180,706	1889	1042 »
1885	1139,661	1890	1678,32
1886	1127,19	1891	1718,926

RÉPARTITIONS.

1881/82	55	»	1886/87	60	»
1882/83	60	»	1887/88	60	»
1883/84	60	»	1888/89	45	»
1884/85	60	»	1889/90	50	»
1885/86	60	»	1890/91	80	»

Réserve statutaire : 197.250 fr.

MINES DE COURRIÈRES.

Société civile constituée le **27** octobre 1852. Le premier sondage fut fait en 1849 avec les fonds et le personnel de la Compagnie des mines de Douchy.

Statuts du 27 octobre 1852, modifiés les 15 mars 1853, 15 mars 1859, 11 août 1870, 15 mai 1876, 27 décembre 1886, 21 avril 1890. Concession accordée par décrets du 5 août 1852, 27 août 1854, 25 juillet 1874.

Objet : Exploitation de mines de houille sur 5,459 hectares situés entre Carvin, Dourges, Drocourt et Lens.

Dénomination : Compagnie des mines de houille de Courrières.

Siège social : Billy-Montigny (Pas-de-Calais).

Durée : perpétuelle.

Capital social : 2.000.000, divisé d'abord en 2.000 actions de 1.000 fr. sur lesquels 300 fr. seulement ont été appelés, il est actuellement de 20.000 parts par la division en 1/10 des actions primitives.

Intérêts et dividendes trimestriels : 31 mars, 30 juin, 30 septembre, 31 décembre.

Conseil d'administration de sept membres nommés par l'Assemblée générale ordinaire ; devant être chacun propriétaire d'au moins 40 dixièmes d'actions inaliénables ; nommés pour trois ans et renouvelables par tiers. Le Directeur général est nommé par l'Assemblée générale.

Assemblée générale le 3e lundi de mai, elle comprend les propriétaires d'au moins vingt dixièmes d'actions donnant droit à une voix. Les propriétaires de dix dixièmes peuvent se faire représenter par un actionnaire ayant droit de vote. Maximum des voix : dix.

Année sociale du 1er janvier au 31 décembre.

Retrait : la Compagnie se réserve le droit de retraire les actions cédées à des personnes non intéressées déjà dans la

Compagnie. Ce droit s'exerce dans les deux mois qui suivent la demande de transfert. Le prix du retrait est fixé par l'Assemblée générale ordinaire ; il ne peut être supérieur au cours moyen de l'année expirée. Le retrait s'exerce au prix de cession s'il est inférieur au prix fixé par l'Assemblée.

L'action ainsi retraite n'est pas amortie, elle fait partie de l'actif social.

Répartition des bénéfices nets : 10 °/₀ pour un fonds de réserve jusqu'à 3,000,000. Le surplus est réparti aux actionnaires à titre de dividende à moins qu'il ne soit inférieur à 80.000.

La réserve statutaire est actuellement complète.

Titres : ils sont nominatifs et munis d'une feuille indépendante de coupons. Coupons trimestriels sans numéros, le dernier au 30 juin 1910, portant les numéros du dixième et de l'action entière dont il fait partie. Coupons payables aux caisses suivantes : à Paris, Lecuyer et Cᵢₑ ; à Valenciennes et Denain, Pierard, Mabille et Cᵢₑ ; à Douai, L. Dupont et Cᵢₑ ; à Lille, Banque du Nord et du Pas-de-Calais et ses succursales.

Puits : 6 en exploitation.

Admission à la cote le 1ᵉʳ juillet 1861.

ADMINISTRATEURS :

L. Piérard, Thellier de Poncheville, A. Dupont, Derôme, Ch. Mathieu, P. Schneider, N...

Directeur général : Kolb-Bernard.

COURS MOYENS.

1882.........	2.495 »	1887.......	2.525 »
1883.........	2.571,50	1888.......	2.723,75
1884.........	2.665 »	1889.......	3.312,50
1885.........	2.447,50	1890.......	4.235 »
1886.........	2.383,25	1891.......	4.385,625

RÉPARTITION.

1882.........	100 »	1887.......	120 »
1883.........	130 »	1888.......	130 »
1884.........	120 »	1889.......	145 »
1885.........	115 »	1890.......	200 »
1886.........	115 »	1891.... à compte	100

MINES DE CRÉPIN-LEZ-ANZIN.

Société civile constituée le 4 novembre 1836, par acte devant Mᵉ Frottin, notaire à Paris (son capital était alors divisé en 25 parts) pour exploiter les concessions accordées par ordonnance du 27 mai 1836. Modifiée les 25 juin 1838, 2 septembre 1839, la Société a été reconstituée en 1874, par acte du 23 décembre 1874, reçu par Mᵉ Delecourt, notaire à Valenciennes.

Objet : exploitation de mines de houille sur **2.842** hectares, au nord-est d'Anzin.

Dénomination : Société des mines houillères de Crespin-lès-Anzin.

Siège social : Quiévrechain.

Durée : perpétuelle.

Capital social : 4.000.000 en 8.000 actions de 500 fr. libérées au porteur.

Intérêts et dividendes : aux époques fixées par le Conseil.

Conseil d'administration de neuf membres devant être propriétaires chacun de vingt actions, nommés pour six ans et renouvelables par tiers tous les deux ans. L'apporteur a droit d'avoir au Conseil un représentant de son choix.

Assemblée générale : à Valenciennes, le 1ᵉʳ dimanche après Pâques. Composée de porteurs d'au moins vingt actions donnant droit à une voix. Maximum des voix : 10.

Année sociale du 1ᵉʳ janvier au 31 décembre.

Retrait : la Compagnie n'a pas le droit de retrait.

Répartition des bénéfices nets de toutes charges :

10 % à la réserve statutaire.

5 % pour rémunérer les services rendus à la Société.

85 % aux actionnaires.

Puits en exploitation : un.

Titres : rose presque blanc, feuille adhérente de coupons numérotés de 1 à 32, sans mention d'échéance ni de dividende.
Admission à la cote le 16 janvier 1880.

ADMINISTRATEURS :

Carlos Lefebvre, P. Lahure, J. Amory, De Cuyper,, Henri Mabille, Georges Mabille, Th. Laurette.

COURS MOYENS.

1882	Pas coté		1887	51,25
1883	Pas coté		1888	59,025
1884	60 »		1889	144,145
1885	37,50		1890	263,925
1886	69,0625		1891	307,738

RÉPARTITION.

Aucune répartition n'a jamais été faite.

COMPAGNIE DE DOUCHY.

Société civile constituée le 16 décembre 1832, par devant Me Beauvois, notaire à Valenciennes, suivant concession accordée par ordonnance royale du 12 février 1832. Modifiée les 1er février et 7 mai 1845, 14 décembre 1848, 1er février 1850, 14 janvier 1879, 11 juillet 1887. Statuts déposés chez Me Beauvois, notaire à Valenciennes.

Objet : exploitation de mines de houille sur 3,419 hectares, au sud d'Anzin.

Dénomination : Compagnie de Douchy.

Siège social : à Valenciennes (Nord).

Durée : perpétuelle.

Capital social : divisé à l'origine en 26 sols de France ou actions ayant versé 3.000 francs et comprenant chacun douze deniers, il fut partagé le 14 décembre 1848 en 1/12 de deniers, soit 3.744 actions sur lesquelles 100 ont été retraites.

Intérêts et dividendes : payables par mandats trimestriels, fin mars, fin juin, fin septembre, fin décembre.

Conseil de surveillance : composé d'abord de 5 gérants, il fut porté à 7 membres par délibération des 1er février et 7 mai 1845.

Par délibération du 11 juillet 1887, ces membres eurent le pouvoir d'administrer. Ils sont nommés pour dix-huit mois et rééligibles.

Assemblée générale : le 2e mardi de janvier, composée de propriétaires de cent actions donnant droit à une voix sans maximum. Les porteurs d'actions peuvent déléguer leurs actions, quant au droit de vote, à un tiers possesseur déjà de cent actions.

Année sociale : 1er janvier au 31 décembre.

Retrait. La Compagnie se réserve le droit d'opérer le retrait, à son profit, de tout titre présenté par un acquéreur non déjà intéressé. Le prix de ce retrait est fixé par l'Assemblée générale du 2ᵉ mardi de janvier et doit être opéré dans les 40 jours qui suivent la dénonciation par l'acquéreur. Le remboursement de l'action retraite s'opère dans les trois mois qui suivent avec intérêt légal. Les actions retirées appartiennent aux associés au prorata de leurs intérêts.

Répartition des bénéfices : les statuts n'en font pas mention.

Titres : il existe des titres qui ne sont envoyés à l'acquéreur qu'après qu'un acte authentique constatant sa propriété a été dressé et signifié à la Compagnie.

Puits : 4 fosses en exploitation.

Admission à la cote le 1ᵉʳ juillet 1861.

CONSEIL DE SURVEILLANCE.

P. Schneider, Ch. Delame, Ch. Derôme, Aug. Lefebvre, Ch. Boca, Ch. Maniez, G. Petit Jean.

Directeur général : D'Hombre.

COURS MOYENS.

1882	2007,50		1887	1877,50
1883	1661,25		1888	2127,50
1884	1827,50		1889	3500 »
1885	1762,50		1890	4612,50
1886	1775 »		1891	4287,50

RÉPARTITION.

1882	70 »		1887	100 »
1883	80 »		1888	120 »
1884	90 »		1889	150 »
1885	90 »		1890	225 »
1886	90 »		1891	270 »

SOCIÉTÉ DE DOURGES.

Société civile : formée pour exploiter la concession accordée par décret du 5 août 1852, fondée et constituée par actes passés devant M⁰ du Rousset, notaire à Paris, les 22 septembre, 2 novembre, 4 décembre 1855 et modifiée par délibération des Assemblées générales des 24 mars 1856 et 23 février 1861. La Compagnie d'Anzin, ayant prêté son concours à la formation de la Société reçut des actions réparties en 1857 à ses actionnaires à raison de 2 par denier.

Objet : Exploitation de mines de houille sur 3.787 hectares, situées entre Ostricourt, Escarpelle, Drocourt, Courrières.

Dénomination : Société de Dourges.

Siège social : à Paris, rue d'Antin, N⁰ 4.

Durée : perpétuelle.

Capital social : 1.800.000 en 1.800 actions de 1.000 francs libérées et au porteur.

Intérêts et dividendes : Annuels le 1ᵉʳ mai.

Conseil d'administration : de six membres dont deux à la nomination de la descendance directe de M. Declercq, tant que cette descendance possèdera 400 actions. Les six administrateurs nommés à vie et se recrutant eux-mêmes doivent être propriétaires chacun de dix actions inaliénables.

Assemblée générale : Elle n'est réunie que sur la convocation du Conseil d'administration. Elle se compose des propriétaires de dix actions donnant droit à une voix. Maximum des voix : 40.

Année sociale : du 1ᵉʳ janvier au 31 décembre.

Répartition des bénéfices : Après le prélèvement d'un fonds de roulement, pour le décompte des bénéfices nets on retranche des bénéfices bruts toutes les dépenses, même celles représentant une augmentation de valeur de fonds social. Ces **bénéfices** sont alors répartis :

A la réserve jusqu'à son maximum de 500.000 fr.

Aux actions comme dividende.

Titres : Ils sont de deux espèces. Ceux qui sont au porteur depuis l'origine sont roses avec vignette noire, les autres ont le fond vert jaunâtre, la bordure vert clair. Les coupons se paient au moyen d'une estampille apposée sur le titre.

Coupons payables : à Paris, au siège social ; à Lille, à la Banque du Nord et du Pas-de-Calais et dans ses succursales.

Puits : 5 en exploitation.

Admission à la cote : le 1er juillet 1861.

ADMINISTRATEURS :

L. de Clercq, P. Hély d'Oissel, H. d'Arcy, comte de Boisgelin, Aug. Crombez, E. Cornuault.

Directeur-Ingénieur : Voisin.

COURS MOYENS.

1882........	6.340,38	1887........	5.943,80
1883........	4.762,071	1888........	5.932,24
1884........	4.385,909	1889........	7.070,02
1885........	4.053,98	1890........	11.204,28
1886.......	4.095,41	1891........	9.816,519

RÉPARTITIONS.

1882..........	160 »	1887..........	200 »
1883..........	190 »	1888..........	200 »
1884.........	190 »	1889..........	240 »
1885,.........	180 »	1890	350 »
1886..........	250 »	1891..........	» »

COMPAGNIE DES MINES DE DROCOURT.

Société anonyme : formée le 13 mars 1880, définitivement constituée les 4 et 22 septembre 1880, suivant statuts en date du 23 août 1880, déposés chez Me Lozé, notaire à Arras.

Concession du 22 juillet 1878.

Objet : Exploitation de mines de houille sur 2.544 hectares situés au sud des concessions de Dourges et de Courrières, à l'Est de Liévin.

Dénomination . Compagnie des mines de Drocourt.

Siège social : Hénin-Liétard.

Durée : 99 ans.

Capital social : 3.500.000 en 3.500 actions de 1.000 fr. libérées, dont 1.800 actions d'apport et 1.700 actions de capital, ces dernières ayant un droit de préférence à la souscription lors de l'augmentation de capital.

Intérêts et dividendes : aux époques fixées par le Conseil.

Conseil d'administration : de sept membres devant être propriétaires chacun de 25 actions inaliénables, nommés pour six ans et renouvelables par sixième.

Assemblée générale : le 3e mardi de septembre composée des propriétaires de 5 actions au moins. Maximum des voix : 50.

Année sociale : 1er juillet au 30 juin.

Répartition des bénéfices : nets de toutes charges.

Prélèvement de 5 % minimum pour la réserve jusqu'à ce qu'elle atteigne le 1/10 du capital social. Le surplus est réparti aux actionnaires net d'impôts.

Titres : ils sont nominatifs et munis de feuilles de coupons numérotés de 1 à 24 sans mention d'échéance ni de dividende; ils sont cotés sous deux rubriques à cause des droits particuliers attachés aux actions N°s 1.801 à 3.500.

Paiement des intérêts et dividendes : au siège social ; à Lille, au Crédit du Nord et dans ses succursales.

Puits : 1 fosse en exploitation.

Admission à la cote : le 22 mars 1888.

ADMINISTRATEURS :

F. Limelette, Dumercy, Heirmann, baron de Fonbarre, Quillet, Stœsser.

Ingénieur-Directeur : Delmiche.

COURS MOYENS.

1888	1386,77	1890	2730,72
1889	1436,25	1891	3056,84

RÉPARTITIONS :

1888/89	50 »	1890/91	75 »
1889/90	50 »		

OBLIGATIONS 6 %.

Emprunt de 1.000.000 francs. en 2.000 obligations de 500 fr. autorisé par l'Assemblée générale extraordinaire du 2 février 1885, émises au pair.

Remboursables au pair en vingt-cinq ans par tirages au sort. Dernier tirage en 1909.

Tirages effectués aux Assemblées générales ordinaires statutaires, pour les titres sortis être remboursés le 2 janvier.

Intérêt annuel de 30 fr. net d'impôts le 2 janvier de chaque année, le dernier coupon 2 janvier 1910.

La Société a le droit d'accélérer les remboursements depuis le 2 janvier 1891.

Titres : vert d'eau, vignettes chamois clair. Le dernier coupon porte le N° 25 à l'échéance du 2 janvier 1910. Le paiement des coupons et des titres remboursables se fait au Crédit du Nord à Lille et dans ses succursales

Le 2 janvier 1892, 108 de ces titres étaient amortis.

Admission à la cote : le 22 mars 1888.

COURS MOYENS.

1888	504,571	1890	Pas coté.
1889	Pas coté.	1891	542,194

HOUILLÈRES ET CHEMINS DE FER D'ÉPINAC.

Société anonyme : A l'origine les houillères d'Epinac furent concédées par décret du 15 août 1805. La concession devenue perpétuelle par la loi du 21 avril 1810 fut apportée à une Société civile constituée le 9 mai 1829 par acte de Mᵉ Lambert, notaire à Paris. Modifiée les 20 et 25 octobre 1832, par acte reçu par Mᵉ Lehon, notaire à Paris, elle est devenue Société anonyme constituée par les statuts dressés par Mᵉ Roquebert, notaire à Paris les 5 et 6 juin 1850 approuvés par décret du 2 juillet 1850. Le chemin de fer d'Epinac à Pont-d'Ouche lui fut concédé le 7 avril 1830.

Objet : Exploitation de la houille dans les limites fixées par l'ordonnance du 8 mars 1841. Exploitation du chemin de fer.

Dénomination : Société anonyme des houillères et du chemin de fer d'Epinac.

Siège social : à Paris, 13, rue de Londres.

Durée : 99 ans, du 2 juillet 1850 au 2 juillet 1949.

Capital social : Formé à l'origine à 3.000.000 en 3.000 parts de 1.000 fr. il fut réduit à 600 actions en 1832. Ces 600 actions ont été échangées en 1850 contre 2.400 actions au porteur.

Intérêts et dividendes : annuels, vers les premiers jours de décembre.

Conseil d'administration : de sept membres propriétaires chacun de huit actions inaliénables.

Assemblée générale : Le 10 novembre comprenant les porteurs de 2 actions donnant droit à une voix. Maximum des voix : cinq.

Année sociale : 1ᵉʳ août au 31 juillet.

Répartition des bénéfices : 5 % minimum pour l'amortissement des machines et mobilier d'exploitation après prélèvement de 3 centimes par hectolitre de charbon extrait affecté spécialement aux travaux de fonçage et d'exploitation. Sur le surplus, il est prélevé au minimum 10 % pour la réserve jusqu'à 250.000 fr. Le solde est réparti entre les actionnaires seulement si le fonds de roulement fixé à 600.000 fr. est au complet.

Titres : Gris bleu. Feuille de coupons non attachée. Coupons non numérotés le dernier porte la mention : Dividende de l'exercice annuel finissant le 31 juillet 1900.

Dernier coupon attaché il porte la mention : Dividende de l'exercice annuel finissant le 31 juillet 1882.

Paiement des dividendes : chez MM. Hottinguer et Cie , 38, rue de Provence, à Paris.

Admission à la cote : le 1er juillet 1891.

ADMINISTRATEURS :

Audeoud, Hottinguer, Lutscher, Alph. Mallet, P. Mirabaud, Vernes, J. Marcuard.

COURS MOYENS.

1882	Pas coté	1887.........	82,50
1883	750 »	1888.........	125 »
1884	Pas coté	1889.........	177,50
1885	Pas coté	1890.........	325 »
1886	Pas coté	1891.........	400 »

Aucune répartition n'a été faite depuis 1881.
Réserve statutaire : 56.983,37.

COMPAGNIE DES MINES DE L'ESCARPELLE.

Société civile : constituée le 4 février 1847, suivant acte reçu par Mᵉ Dejardin, notaire à Cambrai, sous la dénomination provisoire de « Compagnie charbonnière de la Scarpe »; modifiée par délibération de l'Assemblée générale du 10 février 1855. Concession du 27 novembre 1850.

Objet : Exploitation de mines de houille sur 5.883 hectares dont 4.721 de l'Escarpelle et 1.162 de la concession de Courcelles acquise le 28 février 1889 moyennant 245.600 fr., situés entre Dourges et Drocourt à l'ouest, Aniche à l'est.

Dénomination : Compagnie des mines de l'Escarpelle.

Siège social : Flers-en-Escrebieux (Nord).

Durée : perpétuelle :

Capital social : 3.000.000 en 6.000 actions de 500 fr. libérées, dont 5.773 seulement sont en circulation.

Intérêts et dividendes : les 20 février et 20 août.

Conseil d'administration : de six membres, renouvelables par sixième et devant être propriétaires chacun de dix actions inaliénables.

Assemblée générale : le 2ᵉ mardi d'octobre, comprenant les propriétaires d'au moins dix actions donnant droit à une voix. Maximum des voix : 5.

Année sociale : 1ᵉʳ juillet au 30 juin.

Retrait : La Compagnie se réserve le droit d'opérer le retrait de tout titre cédé, dans un délai de quinze jours après la dénonciation de la cession, et ce, moyennant le remboursement du principal et des frais accessoires portés à l'acte. Les actions données par contrat de mariage ne sont pas soumises au retrait

Répartition des bénéfices : Prélèvement des fonds de roulement, puis de l'intérêt à 5 %/₀ du capital versé pour les actionnaires, enfin la réserve. Le solde est distribué aux actionnaires comme dividende.

Titres : Ils sont nominatifs munis d'une feuille de coupons rapportée, le dernier à l'échéance du 20 août 1900, ne portant pas de numéros.

Les transferts ne s'effectuent pas sur les titres qui sont toujours au nom du souscripteur d'origine. Une lettre de la Compagnie reconnaît seule les droits du cessionnaire. Coupons payables au Crédit du Nord à Lille et dans ses succursales.

Puits : 5 fosses en exploitation.

Admission à la cote : le 1ᵉʳ juillet 1861.

ADMINISTRATEURS :

Hennet de Bernoville, Millot, Ed. Brabant, Risbourg, Rouzé, Em. Wartelle.

Ingénieur-Directeur : Heliot.

COURS MOYENS.

1882	4712,50		1887	3968,875
1883	4880	»	1888	3977,50
1884	4850	»	1889	3450 »
1885	4325	»	1890	3325 »
1886	4150	»	1891	2975 »

REPARTITIONS.

1881/82	170	»	1886/87	180 »
1882/83	210	»	1887/88	170 »
1883/84	240	»	1888/89	100 »
1884/85	200	»	1889/90	70 »
1885/86	200	»	1890/91	30 »

COMPAGNIE DE FERFAY.

Société anonyme commerciale : formée le 1er mars 1881, suivant acte reçu par Me Regnault, notaire à Douai, par suite de l'acquisition moyennant la somme de 2.400.000 fr. des concessions, fosses et matériel de la Société civile de Ferfay, formée le 4 avril 1853 en Société d'exploitation au capital de 2.400.000 fr. en 2.400 actions de 1.000 fr., pour succéder à la Société de recherches constituée le 8 juin 1852 en 24 actions. Cette Société d'exploitation fut portée ensuite au capital de 3.000.000 fr , aux termes de l'article 17 des statuts par l'émission de 600 actions nouvelles.

Concession des 20 décembre 1855, 21 mai 1864 et 26 février 1883.

Objet : Exploitation des mines de houille sur 1.978 hectares dont 1.700 hectares de la concession Ferfay, et 278 hectares de la concession de Cauchy à la Tour du 21 mai 1864, achetée pour 101.000 fr. en 1870, transférée à Ferfay par décret du 7 mai 1872, le tout situé entre Auchy-au-Bois à l'ouest et Marles à l'est.

Dénomination : Compagnie de Ferfay (Société anonyme commerciale).

Siège social : à Auchel (P.-de-C.).

Durée : 99 ans.

Capital social : 3.500.000 fr. en 3.500 actions de 1.000 fr. libérées de 750 fr. et nominatives.

Intérêts et dividendes : à l'époque fixée par le Conseil d'administration.

Conseil d'administration : de sept membres, nommés pour six ans, renouvelables par sixième et devant être propriétaires chacun d'au moins dix actions inaliénables.

Assemblée générale : à Douai, le 1er mardi d'octobre, composée des propriétaires d'au moins 5 actions donnant droit à une voix. Maximum des voix : dix.

Année sociale : du 1er juillet au 30 juin.

Répartition des bénéfices : nets de toutes charges : il est prélevé d'abord 10 % des bénéfices pour le fond de réserve jusqu'à ce qu'il atteigne le dixième du capital social. Le surplus est distribué aux actionnaires sur la proposition du Conseil.

Titres : ils sont mixtes. La feuille de coupons rapportée porte les numéros de 1 à 24, les transferts se font au bas du titre. Coupons payables à Auchel et chez MM. Cailliau, banquiers à Douai.

Puits en exploitation : 3.

Admission à la cote : 1er juillet 1861.

ADMINISTRATEURS :

V. Cailliau, A. Cornaille, Loison, Cavroy, Lenglin, J. Lefebvre, Risbourg.

Directeur-Ingénieur : Poumairac.

COURS MOYENS.

1882.........	897,50	1887..........	867,50
1883.........	805,625	1888..........	511,25
1884.........	750 »	1889.........	620 »
1885.........	670 »	1890.........	895 »
1886.........	827,50	1891..........	860 »

RÉPARTITIONS.

1881/1882......	rien.	1886/1887......	25 »
1882/1883......	rien.	1887/1888......	20 »
1883/1884......	rien.	1888/1889......	rien.
1884/1885......	15 »	1889/1890......	20 »
1885/1886......	20 »	1890/1891......	35 »

SOCIÉTÉ ANONYME DES MINES DE FLÉCHINELLE.

Société anonyme : constituée le 7 juillet 1885, suivant acte reçu par Mᵉ Trinquet, notaire à Douai. Modifiée les 29 mars 1887, 9 juin 1887, 12 juin 1888, 17 octobre 1891, 8 décembre 1891, actuellement régie par les statuts déposés chez Mᵉ Vable, notaire à Douai. Concession du 4 janvier 1889.

Provenant : 1º de la Société civile de la Lys supérieure, formée en octobre 1852, constituée le 28 avril 1855 par devant Mᵉ Dumont, notaire à Arras, au capital de 2.000.000 en 4.000 actions de 500 fr. dont 3.606 furent seules émises. Concession du 31 août 1858, 16 juillet 1863, mise en liquidation le 6 février 1872. Reconstituée sous forme anonyme le 7 février 1872 par devant Mᵉ Vasselle, notaire à Arras, au capital de 1.205.000 en 2.410 actions de 500 fr. Mise en liquidation le 9 juin 1884 et vendue 238.500 fr. ;

2º de la Société Faure et Cⁱᵉ, fondée en 1852, transformée en Compagnie d'Auchy-au-Bois, le 28 avril 1855 par devant Mᵉ Turquet, notaire à Paris, au capital de 2.000.000 en 4.000 actions de 500 fr. Concession des 29 décembre 1855, 23 avril 1863. Mise en liquidation le 14 décembre 1867. Constituée en Société anonyme le 30 mars 1868, au capital de 1.059.000 fr. en 2.118 actions de 500 fr.. elle obtient une augmentation de concession le 11 avril 1878. Mise en liquidation le 9 juillet 1881, reconstituée sous le nom de mines de Lières le 1ᵉʳ octobre 1881 au capital de 3.350.000 en 6.700 actions de 500 fr.

Objet : Exploitation de la houille sur 3.643 hectares à l'est de Ferfay dont 2.931 hectares venant d'Auchy et 532 hectares de la Lys supérieure.

Dénomination : Société anonyme des mines de Fléchinelle (concessions de Fléchinelle, Auchy-au-Bois et Lières réunies).

Siège social : à Douai (canton Nord).

Durée : 75 ans à dater du 1ᵉʳ janvier 1886.

Capital social : 2.500.000 fr. en 5.000 actions de 500 fr. dont 2.000 libérées au porteur et 3.000 émises en 1891, libérées de 125 fr. et nominatives ; et pouvant être porté à 3.000.000 fr. par simple décision du Conseil.

Intérêts et dividendes : aux époques fixées par le Conseil d'administration.

Conseil d'administration : Le nombre des administrateurs n'est pas limité ; ils sont actuellement de trois nommés pour six ans et devant être propriétaires chacun de dix actions inaliénables.

Assemblée générale : dans le courant du mois de mai, composée des propriétaires de cinq actions donnant droit à une voix. Il n'y a pas de maximum des voix.

Année sociale : 1ᵉʳ janvier au 31 décembre.

Répartition des bénéfices : nets de toutes charges 5 °/₀ à la réserve.

Le surplus appartient 10 °/₀ au Conseil d'administration.

            5 °/₀ à la disposition du Conseil.

            85 °/₀ aux actionnaires.

Titres : bleu munis d'une feuille de coupons numérotés de 6 à 21 sans date d'échéance ni spécification de dividende pour les titres libérés. Les autres sont nominatifs.

Puits en exploitation : 1.

Admission à la cote : le 15 juillet 1888.

CONSEIL D'ADMINISTRATION :

Bergaud, Langlet, C. Wable.
Directeur-Ingénieur : Bergaud.

COURS MOYENS.

1888.........	575 »	1890.........	428,45
1889.........	313,50	1891.........	265,50

Aucune répartition n'a encore été faite.

OBLIGATIONS 1887 5 °/₀.

Emprunt de 420.000 fr. par l'émission de 1.400 obligations de 300 fr. autorisé par décision de l'Assemblée générale des 29 mars et 9 juin 1887, émises à 265 fr. Il n'a été émis que 1.040 de ces titres.

Remboursables au pair de 300 francs, en 16 années à partir de 1891. Dernier tirage en 1910.

Tirage annuel à l'époque fixée par le Conseil d'administration.

Intérêts semestriels : de 7 fr. 50 les 1ᵉʳ janvier et 1ᵉʳ juillet.

Titres : chamois très clair, les coupons numérotés de 8 à 24 le dernier au 1ᵉʳ juillet 1899. Le tableau d'amortissement figure dans le cadre des obligations au recto du titre.

Au 2 mars 1892, 20 de ces titres étaient amortis.

Admission à la cote : le 30 octobre 1884.

COURS MOYENS.

1889........	261,58	1891........	137,291
1890.	268,125		

SOCIÉTÉ DES MINES DE LENS.

Société civile : constituée le 29 décembre 1855, suivant acte reçu par Mᵉ Deledicque, notaire à Lille; modifiée par décision des Assemblées générales extraordinaires des 29 décembre 1864, 13 novembre 1871, 13 juin 1887 et 14 novembre 1887 : Provenant de la Société de recherches Casteleyn, Tilloy, Scrive, fondée en 1848. Cette Société s'associe avec la Compagnie de Vicoigne qui fournit les fonds et les ouvriers, mais, à la suite du décret de 1852, les premiers inventeurs fondèrent les 11 et 12 février 1852, par acte devant Mᵉ Deledicque, notaire à Lille, une Société dite des mines de Lens, pour exploiter la concessions accordée par décret du 15 janvier 1853. Concessions des 15 janvier 1853, 27 août 1854, 5 mars 1875.

Statuts déposés chez Mᵉ Deledicque, notaire à Lille.

Objet : Exploitation des mines de houille sur 6.939 hectares, entre Liévin au Sud, Courrières à l'Est, Meurchin au Nord, Bully-Grenay à l'Ouest, dont 6.100 hectares provenant de la concession de Lens, 839 hectares de celle de Douvrin, acquise le 3 octobre 1873 et qui lui fut incorporée par décret le 5 mars 1875.

Dénomination : Société des mines de Lens.

Siège sociale : à Lille, rue Nationale.

Durée : Perpétuelle.

Capital social : 3.000.000 divisé en 3.000 actions et 1.000 sur lesquelles il n'a été appelé que 300 francs.

Intérêts et **Dividendes trimestriels**, 31 mars, 30 juin, 30 septembre, 31 décembre.

Il est en outre réparti, généralement le 31 octobre, un dividende supplémentaire.

Conseil d'administration : De huit membres, devant être propriétaires chacun de au moins cinq actions inaliénables et se recrutant eux-mêmes.

Assemblée générale : le 2ᵉ lundi de novembre, composée

de propriétaires d'au moins deux actions donnant droit à une voix. Maximum de voix : cinq. Les actionnaires ne possédant pas deux actions, peuvent se faire représenter par un membre de l'Assemblée.

L'assemblée générale, pour pouvoir délibérer, doit comprendre la moitié plus une des actions (1501).

Année sociale : du 1ᵉʳ août au 31 juillet.

Retrait : La Compagnie ne peut exercer le droit de retrait.

Répartition des bénéfices. Le Conseil d'administration fixe leur importance et la date des répartitions. La Société doit avoir un fonds de réserve de 500.000 fr. minimum, 6.000.000 maximum.

Titres. Les titres sont nominatifs, ils portent imprimé le nom du titulaire primitif ; les mutations successives sont inscrites au bas et ensuite au verso des titres.

Dividendes et **Intérêts**, payables par mandats.

Puits en exploitation : 9.

Admission à la cote, le 1ᵉʳ juillet 1861.

CONSEIL D'ADMINISTRATION :

L. Danel, Descamps-Crespel, Th. Barrois, Scrive - Bigo, V. Cazeneuve, Tilloy-Delaune, P. Destombes, A. Descamps.

Directeur Ingénieur : Bollaert.

COURS MOYENS.

1882	23.327,50	1887	19.167,50
1883	20.975 »	1888	20.500 »
1884	21.150 »	1889	22.500 »
1885	19.750 »	1890	26.575 »
1886	18.350 »	1891	26.200 »

RÉPARTITIONS.

1881/82	800 »	1886/87	900 »
1882/83	900 »	1887/88	900 »
1883/84	900 »	1888/89	900 »
1884/85	900 »	1889/90	1.000 »
1885/86	900 »	1890/91	1.100 »

SOCIÉTÉ HOUILLÉRE DE LIÉVIN.

Société civile : formée le 1er décembre 1862, par acte passé devant Me Beauvois, notaire à Valenciennes, par la transformation en Société d'exploitation de la Société de recherches constituée ‹s 10 mars 1858 et 14 avril 1859. Concessions des 15 septembre 1862, 2 février 1871, 21 juin 1877, 24 mai 1880.

Objet : Exploitation de mines de houille sur 2.981 hectares, dont 761 hect. 1re concession, 683 hect. 2e concession, 606 hect. 3e concession, 931 hect. 4e concession, situés au Sud de Bully, Lens, Courrières.

Dénomination : Société houillère de Liévin.

Siège social : Liévin (Pas-de-Calais).

Durée : Perpétuelle.

Capital social : 2.916.000 en 2.916 actions de 1.000 fr. libérées et nominatives, dont 916 actions représentaient la dépense de 916.000 fr. faite par la Société de recherches.

Intérêts et **Dividendes**, aux époques fixées par l'Assemblée générale. Ils se paient au moyen de mandats adressés aux actionnaires.

Conseil d'administration : de 7 membres nommés pour sept ans, se renouvelant par septième, devant être propriétaires chacun d'au moins quinze actions inaliénables, et nommés par l'Assemblée générale.

Assemblée générale : le 1er jeudi d'octobre, composée de propriétaires d'au moins cinq actions, donnant droit à une voix. Elle n'est valablement constituée que si les actions déposées representent le 1/3 du capital et si vingt actionnaires sont présents. Maximum des voix : 5.

Année sociale : 1er juillet au 30 juin.

Retrait : La Compagnie ne peut exercer le droit de retrait.

Répartition des bénéfices : Elle se fait par décision de l'Assemblée, sur la proposition du Conseil d'administration, sans être fixée par les statuts.

Puits : 2 en exploitation.

Admission à la cote, le 1ᵉʳ juillet 1861.

ADMINISTRATEURS :

Dutemple-Crépin, J.-B. Bruneau, Crépin-Deslinsel, A. Lefebvre, Ed. Forest, P. Courtin, Desmoutier-Deslinsel.

Ingénieur-directeur : G. Viala.

COURS MOYENS.

1882	6.155 »		1887	3.925 »
1883	5.692,50		1888	4.102,50
1884	5.375 »		1889	6.325 »
1885	3.550 »		1890	9.290 »
1886	4.087,50		1891	9.750 »

RÉPARTITIONS.

1881/82	150 »		1886/87	150 »
1882/83	175 »		1887/88	165 »
1883/84 ..	175 »		1888/89	200 »
1884/85	175 »		1889/90	250 »
1885/86	150 »		1890/91....	350 »

OBLIGATIONS 4 1/2 % 1885.

Emprunt de 1.000.000 en 2.000 obligations de 500 fr., autorisé par l'Assemblée générale du 17 avril 1884 et la loi du 1ᵉʳ septembre 1884, pour avance faite à l'État au sujet de la construction d'un canal de Lens à la Deûle, émises au pair et divisées en 200 séries de 10 obligations.

Remboursables au pair de 500 fr. en neuf annuités à partir de 1887. Dernier tirage 1895.

Tirages annuels, le jour de l'Assemblée générale ordinaire. Remboursement des titres sortis, le 1er janvier qui suit le tirage, aux Caisses de la Compagnie.

Intérêts semestriels à raison de 11 fr. 25 nets de tout impôt, les 1er janvier et le 1er juillet.

Titre nominatifs.

La Société s'est réservé le droit de remboursement anticipé, et ces titres seront, en conséquence, prochainement amortis, 930 seulement restent en circulation.

Admission à la cote, le 1er juillet 1886.

COURS MOYENS.

1886	Pas coté	1889	Pas coté
1887	Pas coté	1890	515 »
1888	Pas coté	1891	Pas coté

MINES DE HOUILLE DE MARLES 70 %

Société civile formée le 19 novembre 1852, suivant acte reçu par Mᶜ Thomas, notaire à Paris, sous le nom de mines de houille de Lillers ; devenue mines de Marles, par suite du décret de concession du 29 décembre 1855. Modifiée par délibération des Assemblées générales extraordinaires des 7 mars 1867, 19 avril 1873, 14 avril 1877, 9 avril 1879. Concession du 29 décembre 1855.

Statuts déposés chez Mᵉ Thomas, notaire à Paris.

Objet : Exploitation des mines de houille sur 2.990 hectares entre Bruay à l'Est, Ferfay à l'Ouest.

Dénomination : Société civile des mines de houille de Marles.

Siège social : Paris, 7, rue Paul Baudry.

Durée : Perpétuelle.

Capital social : Divisé à l'origine en vingt parts devant fournir les fonds nécessaires à la mise en exploitation de la concession, il fut partagé par les statuts en vingtièmes, soit 400 parts, puis en 1/40 ou 800 parts (7 mars 1867), enfin en 1/80 ou 1.600 parts (9 avril 1879).

Intérêts en janvier, **Dividendes** à l'époque fixée par le Conseil, se réglant par mandats.

Conseil d'administration : De six membres devant être propriétaire chacun de 10/80 inaliénables, se recrutant eux-mêmes, sauf ratification par l'Assemblée générale.

Assemblée générale : A l'époque fixée par le Conseil d'administration, généralement en mai ; comprenant les propriétaires d'au moins 10/80, donnant droit à une voix. Maximum de voix : 16. L'Assemblée ne peut se tenir que si les 2/3 du capital sont représentés.

Année sociale : 1ᵉʳ janvier, 31 décembre.

Retrait : Tout cédant et cessionnaire doit aviser, par écrit, la Société dans les huit jours de la négociation, en indiquant les conditions de la vente. La Société se réserve le droit de déférer le serment. Dans les huit jours qui suivent cet avis, une Assemblée spéciale est convoquée et chaque associé a le droit de préempter le titre à son profit, en payant le prix évalué ou affirmé. Les surenchères entre associés se font, s'il y a lieu, par pli cacheté. La plus value résultant de la surenchère appartient au vendeur ; mais, d'après les usages de la Bourse de Lille, le vendeur doit en faire le ristourne à son acheteur.

Répartition des bénéfices : Sur le bénéfice obtenu par la différence entre les produits de l'année et les dépenses courantes, il est prélevé d'abord l'intérêt de 5 % du capital immobilisé. Le fonds de roulement jugé nécessaire et les dépenses faites en vue d'une augmentation de production suivant les décisions du conseil, viennent en augmentation de ce capital. Le surplus est partagé à raison de 70 % pour la Société de Marles et 30 % pour la Société des Inventeurs.

Titres : Il n'y a pas de titres. La Compagnie envoie une lettre d'admission.

Puits en exploitation : 3.

Admission à la cote le 8 janvier 1890.

CONSEIL D'ADMINISTRATION :

De Rouvre, F^in Rainbeaux, A. Rainbeaux, David de Gheest. Nouette Delorme.

COURS MOYENS :

1890...... 25.500 | 1891...... 24.250

RÉPARTITIONS :

1889...... 832,26 | 1890...... 1.162,88

OBLIGATIONS MARLES 5 % 1885.

Emprunt de 4,000,000 en 8,247 obligations de 500 fr., autorisé par l'assemblée générale du 28 avril 1885, émises à

485 fr. Remboursables au pair de 500 fr. en 40 ans à partir du 1er juillet 1890. Dernier tirage 1929.

Tirages annuels : à l'époque fixée par le conseil d'administration. Remboursement des titres sortis le 1er juillet suivant aux caisses de la Compagnie.

Intérêts semestriels de 12 fr. 50 les 1er janvier et 1er juillet.

Titres mixtes. Il n'en est pas fait description. Au verso, tableau d'amortissement. Le dernier coupon porte le N° 40, à l'échéance du 1er janvier 1905. Coupons et remboursements au siège social, et à Lille, chez H. Devilder.

Le 2 janvier 1892, 140 de ces titres étaient amortis.

Admission à la cote le 1er juillet 1886.

COURS MOYENS :

1886.......	502,50	1889.......	516,75
1887.......	pas coté	1890.......	515,625
1888.......	pas coté	1891.......	pas coté

MARLES 30 $^{0}/_{0}$

(Société des Trente pour cent des bénéfices des mines de houille de)

Société civile : formée le 15 novembre 1852, définttivement constituée le 19 novembre 1852, par devant Me Thomas, notaire à Paris, modifiée en 1874 et en 1890 par décision de l'assemblée générale du 1er mai 1890.

Objet : Perception des trente pour cent dans les bénéfices nets des mines de Marles.

Dénomination : Société civile des propriétaires des trente pour cent des bénéfices nets des mines de Marles.

Siège social : A Paris, 17, rue Laffitte.

Durée : Perpétuelle.

Capital social : Divisé à l'origine en deux cents coupons ou titres, partagés ensuite en 400, puis en 800 coupons. Le nombre des coupons ne peut être supérieur à la moitié des parts de Marles 70 %.

Dividendes annuels payés par décision du comité se réglant par mandats.

Conseil d'administration : Il se compose de cinq commissaires nommés à vie, se recrutant eux-mêmes, sauf ratification par l'assemblée générale et devant posséder au moins 20 titres inaliénables.

La fonction de ces commissaires consiste à vérifier les comptes qui servent à établir le bilan de Marles.

Assemblée générale : Le 1er mai de chaque année, composée des porteurs de huit coupons, donnant droit à une voix sans maximum.

Année sociale : 1er janvier au 1er juillet.

Répartition des bénéfices : Après prélèvement des allocations au comité, loyer, etc, le solde est réparti aux porteurs de coupons.

Titres : Ils sont nominatifs.
Admission à la cote le 20 juillet 1874.

COMMISSAIRES :

Delaville le Roulx, G. Rolland, Devot, de Bracquemont, de la Lande de Calan.

COURS MOYENS :

Ils s'entendent pour huit cents parts :

1882.......	9.750	1887.......	7.525	»
1883.......	pas coté	1888.......	7.037,50	
1884.......	10.000	1889.......	8.437,50	
1885.......	9.500	1890.......	16.687,50	
1886.......	pas coté	1891.......	17.300	»

RÉPARTITIONS.

1882.......	505	1887.......	407,50	
1883.......	600	1888.......	435	»
1884.......	445	1889.......	535	»
1885.......	430	1890.......	1.174	»
1886.......	360	1891.......		

MINES DE MEURCHIN.

Société anonyme : Constituée à l'origine, le 16 août 1854, en Société de recherches, elle se transforma en Société civile d'exploitation, suivant actes reçus les 2, 9, 16 février 1857, par M° Léturgie, notaire à Béthune, au capital de 3.000.000 en 3.000 actions de 1.000 fr. Modifiée par délibération des assemblées générales des 16 mars 1861, 26 juillet 1862, 25 juillet 1868, 30 juillet 1870, elle se transforme en Société anonyme, par délibération du 26 juillet 1873. Concessions des 19 décembre 1860, 18 mars 1869, 1er février 1889.

Objet : Exploitation de mines de houille sur 2.684 hectares, entre Lens et Courrières au Sud, Carvin à l'Est dont 1.764 de la concession de Meurchin et 920 partie de la concession d'Annœullin (constituée en 1858, concédée le 19 décembre 1860, mise en liquidation d'abord en 1866, reconstituée en 1874, définitivement liquidée en 1880).

Dénomination : Société anonyme des mines de Meurchin.

Siège social : Bauvin (Nord).

Durée : 99 ans.

Capital social : Il était à l'origine de 3.000.000 divisé en 3.000 actions de 1.000 fr. dont 2.000 seulement furent émises ; il fut réduit à 2.000.000 en 4.000 actions de 500 fr. lors de la constitution de la Société actuelle, par l'échange d'une action ancienne contre deux nouvelles.

Intérêts et **dividendes** : Aux époques fixées par le conseil d'administration.

Conseil d'administration de cinq membres, nommés pour cinq ans, renouvelables par cinquième, devant être propriétaires chacun de vingt actions inaliénables.

Assemblée générale : Le dernier samedi de juillet, composée de tous les propriétaires d'au moins dix actions donnant droit à une voix. Maximum de voix : 5.

Année sociale : 1ᵉʳ mai au 30 avril.

Répartition des bénéfices nets de toutes charges : 5 %
à la réserve jusqu'au 1/10 du capital social.

Le surplus comme dividende aux actionnaires.

Titres mixtes, munis d'une feuille rapportée de coupons numérotés de 17 à 56. Les coupons sont payables à Lille, aux caisses
Verley-Decroix et Cie, H. Devilder et Cie, Société générale.

Puits en exploitation : 2.

Admission à la cote le 1ᵉʳ juillet 1861.

ADMINISTRATEURS :

P. Dellisse, A. Rosselet, Ch. Clampanain, Ch. Lacherez, A.
Parisse.

Ingénieur-Directeur : Thiry.

COURS MOYENS.

1882.......	965, 625		1887.......	2.167, 50
1883.......	1.095, 25		1888.......	2.250 »
1884.......	1.350 »		1889.......	3.140 »
1885.......	1.275 »		1890.......	4.900 »
1886.......	1.580 »		1891.......	5.761, 875

RÉPARTITIONS.

1881/82.......	rien		1886/87.......	100
1882/83.......	rien		1887/88.......	100
1883/84.......	50		1888/89.......	125
1884/85.......	65		1889/90.......	200
1885/86.......	80		1890/91.......	350

MINES D'OSTRICOURT
(COMPAGNIE DES)

Société civile définitivement constituée par acte sous-seings privés le 22 novembre 1855, sous la dénomination provisoire de Compagnie charbonnière Douaisienne. Modifiée par délibération des assemblées générales des 11 août 1864, 12 octobre 1868, 19 octobre 1871, 18 octobre 1880, 22 décembre 1887. Actes enregistrés à Douai le 1er décembre 1855. Concession du 19 décembre 1860.

Objet : Exploitation de mines de houille sur 2.300 hectares situés entre Carvin à l'ouest, Courrières et Dourges au sud, l'Escarpelle à l'est.

Dénomination : Compagnie des mines d'Ostricourt.

Siège social : A Oignies (Pas-de-Calais).

Durée : 99 ans pouvant être prorogée par décision de l'assemblée générale.

Capital social : 3.000.000 divisé en 6.000 actions de 500 fr. libérées et nominatives.

Intérêts et dividendes aux époques fixées par l'assemblée générale.

Conseil d'administration de huit membres, nommés par l'assemblée générale, renouvelables par huitième et devant être propriétaires chacun de vingt actions inaliénables.

Assemblée générale : Aux époques fixées par le conseil d'administration, composée des propriétaires de dix actions donnant droit à une voix. Maximum de voix : Dix.

Année sociale : Du 1er juillet au 30 juin.

Retrait : La Compagnie ne peut exercer le droit de retrait.

Titres : Ils sont nominatifs et munis de feuille adhérente de coupons numérotés de 1 à 40 sans époques d'échéance.

Puits en exploitation : 2.

Admission à la cote le 20 juillet 1874.

ADMINISTRATEURS :

Nauts, Casteluin, M⁰⁰ Tilloy, Ch. Tilloy, N. Binnié, Bigo-Van-
derhagen, H. Charvet, Dupire.

COURS MOYENS.

1882.......	255	»	1887.......	105	»
1883.......	180	»	1888.......	180,625	
1884.......	140	»	1889.......	305	»
1885.......	83,75		1890.......	637,50	
1886.......	67,50		1891.......	551,875	

Il n'a jamais été fait de répartition.

Il existe un emprunt de un million en 2.000 obligations de
500 fr. 5 % non cotées.

SINCEY-LEZ-ROUVRAY (COTE D'OR).
(COMPAGNIE CHARBONNIÈRE DE)

Société civile constituée le 18 décembre 1860, suivant acte reçu par M⁰ Savary, notaire à Cambrai ; modifiée par délibération de l'Assemblée générale du 18 janvier 1874.

Objet : Exploitation de mines de houille à Sincey (Côte d'Or).

Dénomination : Compagnie charbonnière de Sincey-lez-Rouvray.

Siège social : à Cambrai (Nord).

Capital social : 2.000.000 en 4.000 actions de 500 fr. libérées et nominatives.

Intérêts et dividendes : aux époques fixées par le Conseil.

Conseil d'administration de sept membres, nommés pour dix ans, devant être propriétaires chacun d'au moins dix actions inaliénables.

Un conseil de surveillance de trois membres, devant être propriétaires chacun de dix actions, nommés pour cinq ans, est adjoint au conseil.

Assemblée générale : à l'époque fixée par le Conseil d'administration, composée des propriétaires de dix actions donnant droit à une voix. Maximum de voix : 5.

Année sociale : du 1ᵉʳ juillet au 30 juin.

Répartition des bénéfices : après prélèvement de 10 % pour la réserve jusqu'au maximum de 200.000 fr., le surplus est distribué aux actionnaires.

Titres : ils sont nominatifs et au nom des souscripteurs d'origine ; les mutations sont annoncées par une lettre envoyée au cessionnaire.

Puits en exploitation : 1.

Il existe des obligations non cotées dont l'intérêt est suspendu.

Admission à la cote le 24 février 1875.

ADMINISTRATEURS :

Glinel, Bourgeois aîné, Brunelle-Pierson, E. Fontaine, Debayser-Duprez, Bommier, Mille.

COURS MOYENS.

1882.........	40 »	1887.........	7,50
1883.........	35 »	1888.........	10 »
1884	35, 625	1889.........	5 »
1885.........	Pas coté.	1890.........	16,25
1886	Pas coté.	1891.........	19,375

Il n'a jamais été fait de répartition.

THIVENCELLES ET FRESNES-MIDI
(COMPAGNIE DES MINES DE HOUILLE DE)

Société civile formée par les sociétés de recherches de Thivencelles, Fresnes-Midi et Condéenne et divisée en 520 deniers. Modifiée par décision de l'Assemblée générale du 28 octobre 1849. Les nouveaux statuts, approuvés par l'Assemblée générale du 2 juin 1850, furent déposés chez M᷎ Mention, notaire à Condé; puis modifiés par décision des Assemblées générales des 18 juillet 1852, 25 avril 1858, 4 juillet 1869, 25 avril 1875, 26 novembre 1882.

Concessions du 10 septembre 1841. Statuts chez M. Castiau, notaire à Condé.

Objet : Exploitation de mines de houille sur 1.546 hectares, formant emprise dans la limite nord de la concession d'Anzin, dont 981 hectares de la Thivencelles, 410 de Fresnes-Midi, 455 de la Condéenne.

Dénomination : Compagnie des mines de houille de Thivencelles et Fresnes-Midi.

Siège social : Fresnes-sur-Escaut.

Durée : perpétuelle.

Capital social : A la fondation, en 1850, il était de 3.000.000 divisé en 3.000 actions de 1.000 fr.; il fut porté à 5.000.000 par la création de 2.000 actions de 1.000 fr., par décision de l'Assemblée générale du 25 avril 1858. Il est actuellement de 5.000.000 en 5.000 actions de 1.000 fr. entièrement libérées.

Intérêts et dividendes : aux époques fixées par le Conseil d'administration.

Conseil d'administration de six membres, devant être propriétaires chacun de huit actions inaliénables, nommés par l'Assemblée générale et renouvelables par sixième chaque année.

Assemblée générale : le dernier dimanche du mois d'avril ; comprenant les propriétaires reconnus, par un transfert régularisé un mois avant l'Assemblée, de quatre actions donnant droit à une voix. Maximum des voix : 10 comme propriétaire.

20 comme propriétaire et mandataire. L'Assemblée n'est valablement constituée que si elle représente la moitié du capital social.

Année sociale : 1er janvier au 31 décembre.

Retrait : La société se réserve le droit de retraire, dans le mois qui suit la remise des pièces demandant la cession, toute action présentée au transfert au profit d'un non-associé et ce aux conditions auxquelles le cessionnaire l'avait acquise.

Répartition des bénéfices nets de toutes charges.

Somme nécessaire pour faire face aux engagements contractés.

Somme nécessaire pour payer l'intérêt à 5 %/₀ aux actions.

Prélèvement pour la réserve.

Le surplus aux actionnaires.

Titres : ils sont nominatifs et munis d'une feuille de coupons numérotés, le dernier portant le n° 36. Coupon n° 13 attaché. Les transferts se font au dos des titres.

La Compagnie a une dette hypothécaire, sans intérêts, envers l'Etat de 1.379.914,40, arrêtée à ce chiffre par décret du 20 avril 1886, amortissable à raison de 20.000 par an pour les trois premières années à partir du 1er janvier 1886 et 40.000 pour les années suivantes. Aucun intérêt ne peut être servi aux actions avant libération complète vis-à-vis de l'Etat.

Elle a, en outre, créé par autorisation de l'Assemblée générale, du 26 novembre 1882, 2.000 obligations de 300 fr. 5 %/₀ non cotées. 353 de ces titres sont amortis.

Puits en exploitation : 2.

Admission à la cote le 1er juillet 1891.

ADMINISTRATEURS :

J.-B. Mariage, E. Haubourdin, E. Hardy, H. Dubreucq, L. Dubois, Fréd. Bernard.

COURS MOYENS.

1882...... ...	897,50	1887.........	76,25
1883.........	145 »	1888.........	33,75
1884.........	154,375	1889.........	45 »
1885..... ...	67,50	1890.........	155 »
1886 ...	74,375	1891.........	204,375

Aucune répartition n'a été faite pendant cette période.

MINES DE VICOIGNE ET DE NŒUX
(COMPAGNIE DES)

Société civile formée le 1er octobre 1841, définitivement constituée le 30 novembre 1843, suivant acte reçu par Mᶜ Albert Dubois, notaire à Valenciennes. Modifiée par décision des Assemblées générales du 31 octobre 1864, 25 août 1865, 25 octobre 1886, 26 janvier 1887.

Provenant de la fusion, le 1er octobre 1841, des sociétés :

1° De Bruille, constituée en 1828 pour reprendre les travaux exécutés par la Société de Mortagne, le 18 juillet 1749. Concession du 16 octobre 1832 sur 403 hectares et du 17 août 1836 sur 916 hectares ;

2° De la Société de Cambrai formée en 1837 ;

3° De la Société de l'Escaut formée en 1837 ;

4° De la Société d'Hasnon formée en 1833.

Ces quatre sociétés ayant, en 1840, exécuté des sondages à Vicoigne réclamèrent chacune la concession. L'administration, ne pouvant les départager, les engagea à constituer une seule société d'exploitation à laquelle fut concédée le 12 septembre 1841, les 1.320 hectares en litige auxquels furent joints les 1.319 hectares de Bruille. Le 19 mai 1843, la société d'Anzin fut substituée à Hasnon.

Concessions de Vicoigne du 12 septembre 1841, de Nœux des 15 février 1853 et 30 décembre 1857.

Objet : Exploitation de mines de houille sur 2.639 hectares pour Vicoigne au Nord d'Anzin, et 7.979 hectares pour Nœux, situés entre Bruay à l'Ouest et Bully à l'Est.

Dénomination : Compagnie des mines de Vicoigne et de Nœux.

Siège social : Nœux-les-Mines (Pas-de-Calais).

Durée : perpétuelle.

Capital social : 4.000.000 en 4.000 actions nominatives de 1.000 fr. sur lesquelles 600 fr. seulement ont été versés. Ces actions furent attribuées par quart à chaque société constituante. Anzin en eut 1.000 aux droits d'Hasnon.

Intérêts et dividendes : les 15 mai et 15 novembre.

Conseil d'administration de huit membres, nommés pour huit ans, renouvelables par huitième et rééligibles, devant être propriétaires chacun de huit actions inaliénables. Les administrateurs sont nommés à raison de deux par chaque société fondatrice. Dans ce but, les sociétés d'origine ont, lors de leur dissolution, élu à vie chacune huit actionnaires comme électeurs du conseil de Vicoigne. Ces électeurs sont remplacés, en cas de décès, démission, incapacité légale, ou perte de la qualité d'actionnaire par les électeurs restant de leurs sociétés d'origine. Pour être nommé électeur il faut réunir les 2/3 des suffrages de son collège particulier. Chaque collège électoral nomme à tour de rôle un administrateur, qui doit réunir au minimum les voix de 6 électeurs pour être élu.

Assemblée générale le dernier lundi d'octobre, composée des propriétaires de cinq actions donnant droit à une voix. Maximum des voix : 4.

Année sociale : 1er juillet au 30 juin.

Retrait : la Compagnie peut exercer le droit de retrait par une signification adressée au cédant dans le mois qui suit le transfert. Ce retrait a lieu au prix énoncé dans la cession et en cas de donation au taux moyen des quatre dernières ventes.

Répartition des bénéfices : Ils sont fixés par le Conseil d'administration après prélèvement pour la constitution d'un fonds de réserve dont le maximum est fixé à 6.000.000.

Titres : Ils sont nominatifs. Les dividendes se paient par mandats envoyés au titulaire.

Puits en exploitation : 9 dont 7 à Nœux, 2 à Vicoigne.

Admission à la cote le 1er juillet 1861.

CONSEIL D'ADMINISTRATION

L. Renard, L. Dupont, de Warenghien, Em. Dupont, Stamant, baron Ernest de Lagrange, Hippol. Peslin, L. Brulley de la Brunière.

Ingénieur-Directeur : Agniel.

COURS MOYENS.

1882......	16.845	»	1887.......	15.817,50
1883......	15.775	»	1888.......	16.817,50
1884......	15.675	»	1889.......	18.840 »
1885......	14.621,875		1890.......	21.250 »
1886......	14.836,75		1891.......	21.000 »

RÉPARTITIONS.

1881/82......	700	»	1886/87......	725 »
1882/83......	700	»	1887/88......	725 »
1883/84......	725	»	1888/89......	725 »
1884/85......	725	»	1889/90......	800 »
1885/86......	725	»	1890/91.....	1000 »